»B. ist die schmutzigste Stadt Europas«, schrieb Monika Maron in ihrem Debütroman ›Flugasche‹ (1981). B. steht für Bitterfeld, bis heute ein Synonym für marode Wirtschaft und verkommene Umwelt. Dreißig Jahre später hat sie die Stadt wieder besucht und die Spur der Veränderungen nachgezeichnet. Sie erzählt von der Wiederauferstehung einer Region, vor allem aber vom Aufbruch einiger Kreuzberger Solarenthusiasten in die Provinz Sachsen-Anhalts, wo sie eine Solarzellenfabrik mit 40 Arbeitsplätzen bauen wollten. Nur acht Jahre später ist Q-Cells der größte Solarzellenhersteller der Welt. Aus der kleinen Solarzellenfabrik ist ›Solar Valley‹ geworden.

Monika Maron ist 1941 in Berlin geboren, wuchs in der DDR auf, übersiedelte 1988 in die Bundesrepublik und lebt seit 1993 wieder in Berlin. Sie veröffentlichte u. a. die Romane ›Flugasche‹, ›Die Überläuferin‹, ›Stille Zeile sechs‹, ›Animal triste‹, ›Pawels Briefe. Eine Familiengeschichte‹, ›Endmoränen‹ und ›Ach Glück‹, außerdem mehrere Essaybände. Zuletzt erschien der Essayband ›Zwei Brüder‹. Sie wurde mit mehreren Preisen ausgezeichnet, darunter dem Kleist-Preis (1992), dem Friedrich-Hölderlin-Preis der Stadt Bad Homburg (2003), dem Deutschen Nationalpreis (2009) und dem Lessing-Preis des Freistaats Sachsen (2011).

Weitere Informationen, auch zu E-Book-Ausgaben, finden Sie bei www.fischerverlage.de

Monika Maron

Bitterfelder Bogen

Ein Bericht

Mit Fotografien von
Jonas Maron

Fischer Taschenbuch Verlag

Veröffentlicht im Fischer Taschenbuch Verlag,
einem Unternehmen der S. Fischer Verlag GmbH,
Frankfurt am Main, Juni 2012

Druck und Bindung: Kösel, Krugzell
Printed in Germany

ISBN 978-3-596-17804-9

Gewidmet dem Andenken
von Reiner Lemoine (1949–2006)

Schon an der Autobahnausfahrt nach Bitterfeld-Wolfen wird der Unkundige eingewiesen: ein schwarzer Pfeil auf weißem Grund und der verheißungsvolle, auf eine wundersame Erfolgsgeschichte verweisende Name: Solar Valley. Kurz darauf, neben der Landstraße, ein weites Feld mit leuchtend blauen Solarmodulen, wie dem Acker entwachsen, auf dem sie in dichten Reihen stehen. Die Wegweiser am Kreisverkehr zeigen nach Bitterfeld und Wolfen, nach Greppin, Thalheim und noch einmal zum Solar Valley.

Fährt man in Richtung Thalheim, kreuzt man die Guardianstraße, wo ein sechsstöckiges Haus, in dessen aus Solarzellen gestalteter Fassade ein großes Q eingelassen ist, vom Ursprung des Solar Valley kündet: Q wie Q-Cells. In der Guardianstraße stehen die ersten Q-Cells-Gebäude, errichtet 2001, als niemand damit rechnete, dass man schon bald mehr Platz, viel mehr Platz brauchen würde, als auf diesem bemessenen Terrain zu haben war. Das eigentliche Solar Valley, ein inzwischen dreihundert Hektar großes Areal, an dessen Rändern Bagger und Kräne schon das nächste Bauland bereiten, liegt an der Sonnenallee, ein oder zwei Kilometer von der Guardianstraße entfernt.

Bei meinem ersten Besuch aber ließ ich Guardianstraße und Sonnenallee links liegen und fuhr geradeaus nach Bitterfeld. Ich hatte ein Bild im Kopf, ein schwarzes, verrußtes, rostfarbenes, dreißig Jahre altes Bild.

Ich fuhr durch die Zörbiger Straße, die am großen Werktor vorbeiführt, vorbeigeführt hat, damals, als das Werk noch CKB hieß: Chemiekombinat Bitterfeld. Die Straße gibt es noch, das Tor auch, aber jetzt ist es einer von vielen Eingängen zum Chemiepark Bitterfeld-Wolfen, der in die Areale A bis E gegliedert ist und beherbergt, was vom Chemiekombinat, der Filmfabrik Wolfen und allem anderen übriggeblieben und was in den letzten zehn Jahren dazugekommen ist.

Links und rechts der Straße suchte ich nach Vertrautem. Wo war das Schwimmbad, dem die Landschaftsgestalter damals einen himmelblauen Anstrich verordnet hatten, in Ermangelung eines himmelblauen

Himmels? Wo war der Konsum, in dem sie mir erzählt haben, dass die Leute hier am liebsten weiße Pullover kaufen? Schwarz und verrußt war nichts mehr, die Häuser gestrichen oder mit Sandstrahl gereinigt, die Rohrbrücken über der Straße nicht mehr rostig, sondern auffallend farbig in Gelb und Türkis. Nur der Kulturpalast stand in unverkennbarer Eindeutigkeit da, wo er auch in meiner Erinnerung hingehörte. Sonst fand ich nichts oder konnte mich nicht erinnern, nach mehr als dreißig Jahren, in denen mich nichts hierher gezogen hat, obwohl ich damals mit dieser Stadt ein Bündnis eingegangen war, das mein Leben verändert hat. Nur einmal war ich noch hier, ich glaube, es war im April 1990. Man hatte mich zu einer Lesung eingeladen, eine Frau aus Greppin schenkte mir die ersten Frühlingsblumen aus ihrem Garten, und ich habe den Mann wiedergetroffen, der mein Modell war für den Heizer Hodriwitzka und an den ich oft denken musste, weil ich ihn in meinem Buch an einem Unfall hatte sterben lassen und mich die kleine abergläubische Furcht, ich könnte so ein Unglück herbeigeschrieben haben, nie ganz verlassen hatte. Es ging ihm gut, von meinem Buch wusste er nichts. Ich habe es ihm geschenkt, vielleicht hat er es gelesen.

Später hat mir jemand erzählt, die Bitterfelder seien nicht mehr gut auf mich zu sprechen, weil sie glaub-

Zörbiger Straße. Bitterfeld

ten, ich hätte zum schlechten Ruf ihrer Region beigetragen und damit die Investoren vergrault. Ich weiß nicht, ob mehr als ein Bitterfelder das gesagt hat und ob mein Interesse ohne diese Mitteilung größer gewesen wäre. Jedenfalls bin ich nie wieder hingefahren. Selbst als mein Freund, der Architekt Andreas Hierholzer, mir von den Solarfabriken erzählte, die er in Thalheim baut, regte sich in mir nichts. Dabei liegt Thalheim etwa fünf Kilometer vor Bitterfeld und gehört seit dem Sommer 2007 überhaupt zur Stadt Bitterfeld-Wolfen, wie die Orte Holzweißig, Greppin und Rödgen auch.

Fast ein Jahr lang hörte ich immer mal wieder die Geschichten über Reiner Lemoine, Dagmar Vogt und Anton Milner, über den Thalheimer Bürgermeister Kressin, über den Börsengang von Q-Cells, ohne dass in mir das Bedürfnis erwacht wäre, das irgendwie zu meiner Sache zu machen. Schon der Gedanke, mir in meinen eigenen Fußstapfen hinterherzulaufen, war mir zuwider. Bis zu diesem Abend, an dem Andreas Hierholzer wieder einmal mit visionärer Leidenschaft von den Engländern, Australiern, Amerikanern und Deutschen erzählte, die auf dem Acker von Thalheim ihr Solar Valley bauten. Vielleicht war seine Begeisterung an diesem Abend besonders suggestiv, vielleicht war ich auch nur empfänglicher, jedenfalls war es dieser Abend, an dem ich plötzlich dachte, dass ich mir ja gar nicht selbst hinterherlaufen, sondern mir mit all diesen Engländern, Australiern, Amerikanern und Deutschen, mit Andreas, Dagmar und Anton von der anderen Seite, aus der Zukunft, entgegenkommen würde.

Eigentlich hat diese Zukunft vor mehr als dreißig Jahren begonnen, ungefähr zur gleichen Zeit, als ich zuerst einige Reportagen über Bitterfeld schrieb und kurz darauf ein Buch, in dem ich mir vorstellte, was wohl geschehen wäre, hätte ich in meinen Reportagen die ganze undruckbare Wahrheit über das Gift und den Dreck in dieser Stadt geschrieben.

Damals, Mitte der siebziger Jahre, versammelte ein angehender Ingenieur namens Reiner Lemoine an der Technischen Universität in West-Berlin ein paar Gleichgesinnte, alle entschiedene Gegner von Atomkraftwerken, und gründete mit ihnen, ganz im Geist der Zeit, ein sozialistisches Ingenieurskollektiv, das sich den Namen Wuseltronik gab und Messgeräte mit den Namen Wumm und Wuwickel produzierte.

Zwischen meinem Arbeitsplatz im Berliner Verlag am Alexanderplatz und Lemoines Wuseltronik in der Universität lagen sechs Kilometer, eigentlich ein gerader Weg über die Karl-Liebknecht-Straße, die erst zu Unter den Linden wird und dann zur Straße des 17. Juni, am Brandenburger Tor aber durchtrennt wurde von der Mauer, die unsere Welten, auch die Wirtschaftswelten, voneinander schied. Während das Sozialistische Ingenieurskollektiv gegen Atomkraftwerke kämpfte, schrieb ich gegen ein veraltetes, rußspeiendes Kohlekraftwerk an und wäre über ein Atomkraftwerk in Bitterfeld, das den Bewohnern die täglichen hundertachtzig Tonnen Flugasche erspart hätte, sicher froh gewesen.

Reiner Lemoine, Jahrgang 1949, studierte Luft- und Raumfahrttechnik und soll damals ein bißchen ausgesehen haben wie John Lennon. Wer über ihn spricht, kommt ohne die Wörter genial, verrückt, visionär offenbar nicht aus. Ich habe ihn nicht mehr kennengelernt, und alles, was ich über ihn sagen kann, habe ich mir erzählen lassen. Ein Maniak war er, ein Träumer, der seinen Traum der Wirklichkeit aufgezwungen hat, bekennender Marxist und Kettenraucher, Menschenfreund und Arbeitsenthusiast, der gelebt hat wie eine Kerze, die von zwei Seiten brennt; so hat man ihn mir beschrieben.

Es waren die Jahre der großen Proteste, der Teachins, Sit-ins, der Demos und der Hausbesetzer. Lemoine und seine Freunde, nicht nur Atomkraftgegner, sondern eben auch Ingenieure, fanden, es genüge nicht, immer nur dagegen zu sein; man müsse auch etwas tun. Der Name Wuseltronik bezeugt beides, die chaotisch-fröhliche Atmosphäre dieser Jahre und das ernsthafte Vorhaben. Wuseltronik bedeutet Wind- und Sonnenelektronik, Wumm heißt Wu-Messmodul und Wuwickel Wu-Windklassierer.

Die vierte Etage eines besetzten Gewerbekomplexes in Kreuzberg bot den Arbeits- und Lebensraum für das Kollektiv, das nicht weniger wollte, als die Welt verbessern. »Scheiß auf den Kommerz. Lass uns was Richtiges machen«, heißt ein vielzitierter Satz von Reiner Lemoine. Die Belegschaft wechselte, manche blieben nur zwei oder drei Jahre und suchten sich dann einen ordentlichen Arbeitsplatz, andere entschädigte die Lust, das Richtige zu tun, lange für Sicherheit und Geld. Am längsten blieb Clemens Triebel, den ich in einem Schöneberger Lokal treffe. Seit 1985 gehörte er zu Wuseltronik, bis 1996, als Lemoine, Triebel und andere die Firma Solon gründeten. Clemens Triebel wirkt jünger, als er sein kann: schmal, eine rote Sportjacke, Jeans und Turnschuhe, wenn ich mich richtig erinnere. Nichts deutet darauf hin, dass er inzwischen ein erfolgreicher und wohlhabender Unternehmer ist.

Er erklärt mir, wie Wuseltronik funktionierte: jeder bekam das gleiche Geld, Entscheidungen wurden nach dem Vetoprinzip getroffen. Die Finanzierung funktionierte wie ein Perpetuum mobile; die Entwicklung der Projekte wurde aus den Projektmitteln bezahlt. Für einen Ingenieur konnten sechstausend

Mark veranschlagt werden, davon wurden viertausendfünfhundert für die Entwicklung des jeweiligen Auftrags verwendet und bildeten das Eigenkapital, der Rest floss in die Lohnkasse.

Das Leben in der vierten Etage des Gewerbekomplexes sei so chaotisch wie effektiv gewesen, sagt Triebel. Wenn die Arbeit keine Zeit für die Familien ließ, kamen Frauen und Kinder eben in die Fabrik. Zwischendurch fuhren sie nach Brokdorf oder Gorleben, um zu demonstrieren.

Ich habe immer vermutet, dass mein Buch ›Flugasche‹ seinen Erfolg nicht zuletzt dem Kampf gegen das Kernkraftwerk Brokdorf verdankte. Die Stadt B., bei mir Bitterfeld, stand im Westen für Brokdorf. Dass es in meinem Buch um ein Braunkohlekraftwerk ging, spielte in der Hitze des Gefechts wahrscheinlich keine Rolle. ›Flugasche‹ wurde Mitte Februar 1981 ausgeliefert, und die erste große Demonstration in Brokdorf, an der hunderttausend Menschen teilnahmen, darunter ganz sicher auch das Sozialistische Ingenieurskollektiv, fand am 28. Februar 1981 statt.

Clemens Triebel erzählt von den zwei kleinen Windrädern, die sie damals zur Erprobung ihrer Messgeräte betrieben, und ich sage, dass ich Windräder hasse, weil sie im Namen des Umweltschutzes die Umwelt okkupierten und die Menschen, vor deren

Augen es sich drehe, wohin sie auch blickten, davon allmählich verrückt würden.

Windräder in der Nähe von Menschen hasse er auch, sagt Triebel, aber es gebe genügend Orte auf der Welt, wo tausend Windräder stehen könnten, ohne jemanden zu ärgern. Wenn dieses scheißnationale Denken nicht wäre. Man könnte irgendwo ein Stück Wüste kaufen, wo nichts wächst und niemand leben kann, und dem Land, dem die Wüste gehört, könnte man von dem Strom etwas abgeben, so dass jeder was davon hätte.

Unter diesen Umständen würde ich meinen Hass auf die Windräder aufgeben, sage ich, und jetzt würde ich gerne rauchen, hielte es aber für einen Angriff auf meine Menschenwürde, wenn ich dafür vor die Tür gehen müßte. Clemens Triebel sagt, er würde mitkommen und auch rauchen. Es ist kalt. Wir erhitzen uns an unserer Empörung über den inquisitorischen Eifer, mit dem Raucher sogar aus Kneipen verbannt werden. Kreative Menschen haben immer irgendeine Sucht, sagt Triebel.

Hat Lemoine geraucht?

Der hat geraucht, und der hat getrunken, auch als er von dem Hirntumor wusste. Es kommt doch nicht unbedingt darauf an, dass man lange lebt, sondern dass man sein Leben richtig lebt.

Wir sind uns einig, dass Leben mehr sein muss als

Denkmal der Chemiearbeiterin. Bitterfeld

atmen und dass wir diese fitnessbesessene, gesundheitsfanatische, mit Wasserflaschen bewehrte, reinheitssüchtige Welt, in der uns zu jedem Stück Fleisch, zu jedem Glas Wein und jeder Zigarette auch gleich fünf Krebssorten angedroht werden, gelinde gesagt, abschreckend finden. Ein Hauch der siebziger Jahre weht für den Augenblick durch Schöneberg.

Ende der Achtziger, sagt Triebel, hat Wuseltronik mit der Solartechnik angefangen, das hat damals noch niemand gemacht, und weil ihnen für bestimmte Vorhaben oft die Module fehlten, gründeten sie 1996 die Solon AG und produzierten die Module selbst. Geld verdient haben sie damit nicht, und hätte nicht ein Mäzen, ein Sohn des Wella-Konzerns, immer mal wieder für sie gebürgt, wären sie vermutlich untergegangen. Ihren Mäzen haben sie mit Aktien bezahlt, die damals wohl eher als Hoffnungswährung gelten konnten. Allerdings hat sich diese Hoffnung erfüllt, auch für den Mäzen, der, wäre er nicht schon ein reicher Mann gewesen, damit einer geworden wäre. Ist doch schön, wenn sowas sich auszahlt, sagt Triebel.

Der Aufstieg der Region Bitterfeld-Wolfen zu einem der wichtigsten Chemiezentren Deutschlands begann 1893, als Walther Rathenau im Auftrag der AEG, deren Generaldirektor sein Vater Emil Rathenau war, in Bitterfeld die ersten elektrochemischen Werke gründete. Kurz darauf nahm die Chemische Fabrik Griesheim-Elektron aus Frankfurt am Main eine zweite Elektrolyse in Betrieb. Zwei Jahre später, im Mai 1895, legte die ›Actien-Gesellschaft für Anilin-Fabrikation zu Berlin‹ – oder kurz: ›Agfa‹ – den Grundstein für ihren neuen Standort in der Region Wolfen/Greppin. Günstige Bodenpreise, schon ausgebaute Bahnlinien, vor allem aber die reichen und billigen Braunkohlevorkommen zogen die gewaltig expandierende und energieintensive Chemieproduktion an. Bis 1909 erwarb die Agfa 130 Hektar Land, erweiterte mit den Jahren beständig ihre Produktpalette, je nach den Bedürfnissen des Krieges oder des Friedens. 1910 nahm die Filmfabrik die Produktion auf, die nach einigen Anfangsschwierigkeiten zum größten Filmproduzenten Europas und nach Kodak zum zweitgrößten der Welt werden sollte. Seit 1925 gehörten die Film- und Farbenfabrik zum IG-Farben-Konzern.

Während des Zweiten Weltkriegs wurde auch in Bitterfeld und Wolfen vorrangig für den Krieg produziert, vor allem Sprengstoff. Den Verdacht, für das Gift Cyclon B verantwortlich zu sein, weisen die Wolfener von sich, wie ich in einer Stadtgeschichte aus dem Jahr 2000 anlässlich des sechshundertjährigen Bestehens von Wolfen lese. Cyclon B, von den Nationalsozialisten zur Ermordung der europäischen Juden in den Vernichtungslagern eingesetzt, wurde nicht in der Farbenfabrik Wolfen, sondern in der Gärungschemie Dessau hergestellt. Dessau liegt fünfundzwanzig Kilometer von Wolfen entfernt. Niemand von denen, die heute in Wolfen und Dessau leben, verantwortet die Produktion oder gar die furchtbare Verwendung von Cyclon B oder hätte sie verhindern können. Das entschiedene Begehren, auch nach sechzig Jahren das eigene Werk von dem Makel dieses Verdachts zu befreien, rührt mich, weil es von einer Verbundenheit mit der Geschichte des Werkes zeugt, die ich damals, vor dreißig Jahren, nicht wahrgenommen und über die ich auch nicht nachgedacht habe. Ich war erschüttert angesichts des Drecks, der giftfarbenen Rauchfahnen über der Stadt oder der Knochenauswüchse am Handgelenk eines Mannes, der in der Aluminiumfabrik arbeitete; ich war beschämt, weil auch ich das Zeug verbrauchte, für das andere Menschen ihre Gesundheit hergaben; ich habe mich gewundert, manchmal auch geärgert, über die duldsame Ehrbarkeit der Leute, wenn ich sie fragte, wie und warum sie diese Zumutungen ertragen. Um zu erwägen, ob ihre Duldsamkeit und Leidensfähigkeit auch in ihrem geheimen Stolz auf die glanzvollen Zeiten ihrer Werke und der Region wurzeln könnten, war ich selbst wohl zu befangen im Gegenwärtigen, in dem, was ich sah, roch und hörte. Damals war das Chemiekombinat Bitterfeld für mich nichts anderes als das Chemiekombinat Bitterfeld, ein volkseigener Betrieb in einem Staat, der von sich behauptete, sozialistisch zu sein, und seine Arbeiter in einem alten Kraftwerk wie Grubenponys schuften ließ.

Den Krieg hatten die Bitterfelder und Wolfener Werke fast unbeschadet überstanden. Nur ein mit Sprengstoff beladener Waggon, der auf einem Abstellgleis des Wolfener Bahnhofs stand, geriet in den letzten Kriegstagen unter Beschuss. Die Explosion beschädigte Gleisanlagen und die umliegenden Gebäude. Die Zerstörung der Werke begann erst nach dem Krieg. Im April marschierten nach heftigen Gefechten um Wolfen die Amerikaner als erste Besatzungsmacht ein. Gemäß den Beschlüssen des Alliierten Kontrollrats wurde in allen Betrieben, die mittelbar oder unmittelbar für den Krieg produziert hatten, die Produktion eingestellt. Am 30. Juni zogen sich die Amerikaner aus den Gebieten östlich der Elbe wieder zurück und wurden von den sowjetischen Truppen abgelöst.

In der ›Bitterfelder Chronik‹ von 1993 ist zu lesen: »Am 22. Juni 1945 verließ die gesamte Leitung der IG Farben mit ihren Familien Bitterfeld in Richtung Frankfurt am Main, mit ihnen 45 Waggons, beladen mit Chemikalien wie Chlorat, Chromat, Pottasche, Natron- und Kalilauge – Dinge, die im Westen inzwischen Mangelware waren. Am 30. Juni zogen die Amerikaner ab … Aus den Bitterfelder Werken nahmen sie 27 Spezialisten und 192 Aktenbände über Produktionsverfahren mit. Aus Wolfen gingen acht Chemiker mit den Amerikanern.«

Unter sowjetischer Herrschaft wurden sechzig Prozent der Bitterfelder und fünfzig Prozent der Wolfener Produktionsanlagen demontiert und in die Sowjetunion transportiert, wo nur einige wiederaufgebaut wurden, die meisten aber verrotteten. 1946 wurden die Werke zur Sowjetischen Aktiengesellschaft. Die Filmfabrik Wolfen ging 1947 in sowjetischen Besitz über. Aus der laufenden Produktion wurden die Reparationskosten gezahlt.

Die IG Farben-Unternehmen in den drei westlichen Besatzungszonen bewahrten internationale Wirtschaftsinteressen und Verflechtungen mit weltweiten Konzernen vor ähnlichen Konsequenzen. Sie wurden aus der IG ausgegliedert und als einzelne Unternehmen weitergeführt. Die IG Farben ging 1952 in Liquidation, nannte sich fortan IG Farbenindustrie AG i. L., später i. A. (in Abwicklung) und entlastete so die offiziellen Nachfolgefirmen, u. a. Agfa, BASF, die Hoechst AG und die Bayer AG, gegenüber allen rechtlichen und finanziellen Ansprüchen.

In Bitterfeld und Wolfen fehlten nicht nur die demontierten Anlagen; es fehlten die Spezialisten, die zur Arbeit in der Sowjetunion zwangsverpflichtet wurden oder freiwillig in den Westen gegangen waren, es fehlte an Ersatzteilen für die verbliebenen Produktionsanlagen, die schon während des Krieges auf Verschleiß gefahren worden waren, es fehlte an Rohstoffen und Zwischenprodukten. Die in der IG Farben vereinten Unternehmen bildeten ein perfektes System der Spezialisierung und gegenseitigen Belieferung, von dem die Betriebe im sowjetisch besetzten Gebiet nun abgeschnitten waren.

Die Werke wurden gleichzeitig demontiert und wiederaufgebaut, Produktlücken irgendwie geschlossen und überdies sogenannte Massenbedarfsgüter wie

Greppin

Kämme, Milchkannen, Kochtöpfe, Tabakspfeifen, Zahnpasta und Schuhe in die Produktion übernommen.

Mitte der siebziger Jahre, als ich in Bitterfeld meine Reportagen für die ›Wochenpost‹ recherchierte, hatte vermutlich jeder, der fünfzig oder älter war, diese Zeit erlebt, vielleicht selbst in Schrotthaufen nach Ersatzteilen gesucht oder zwischen Provisorien und Notlösungen seine Arbeit getan.

In Bitterfeld hat man das Leben mit der Chemie geerbt wie die Augenfarbe; und die nimmt man, wie sie eben kommt.

Als die DDR endete, war Bitterfeld zu einem Synonym für marode Wirtschaft, vergiftete Luft und verseuchten Boden geworden, zu einem Sinnbild des ruinierten Landes. Man musste die streng geheimen Untersuchungen über den SO_2-Gehalt der Luft oder die Giftstoffe in den Gewässern nicht gelesen haben, man musste nur einmal im ewig diesigen Himmel über Bitterfeld nach der Sonne gesucht oder einmal unter den Rohrleitungen im Werk herumgelaufen sein, hoffend, es möge Wasser und nicht Säure sein, was einem da auf den Kopf tropfte, man musste nur einmal in Bitterfeld gewesen sein und hier und da ein flüchtiges Gespräch mit seinen Bewohnern geführt haben, um zu wissen, dass dort zu leben lebensgefährlich war.

Eigentlich haben sie es alle gewusst. Niemand kannte den Zustand der Werke besser als sie, die darin arbeiteten: die Anlagen veraltet, die Forschung unterfinanziert und gegängelt, technologische Entscheidungen von kurzfristigen politischen Motiven oder wirtschaftlichen Fehlentwicklungen diktiert. Von den siebzehntausend Mitarbeitern des Chemiekombinats gehörten siebentausend zum Bereich Instandhaltung, weil schadhafte Teile nicht ersetzt, sondern geflickt wurden, und weil ein zerbrochenes Zahnrad nicht einfach durch einen Telefonanruf nachbestellt werden konnte, sondern einzeln und in Handarbeit nachgebaut werden musste. Die Bitterfelder und Wolfener wussten, dass sie auf dem Weltmarkt nicht konkurrenzfähig sein würden. Schon in ihre Euphorie über den Fall der Mauer hatte sich die Sorge um ihre eigene Zukunft gemischt. Und trotzdem haben sie wohl gehofft, es würde etwas zu retten sein von ihrer hundertjährigen Geschichte.

Wäre mehr zu retten gewesen, frage ich Karl Enders, der seit 1964 zum Chemiekombinat gehörte.

Er schüttelt den Kopf. Nicht einmal die neue schwedische Anlage zur Chloratherstellung, weil die Skandinavier mit Energie aus Wasserkraft das Chlorat dreimal billiger produzierten. Für den Weltmarkt hatte die DDR diese Anlage nicht geplant.

Karl Enders und ich treffen uns an diesem Tag zum zweiten Mal, das erste liegt vierunddreißig Jahre zurück. Damals war er Umweltbeauftragter im Chemiekombinat und schrieb gerade seine Dissertation über die Verunreinigung der Luft im Raum Bitterfeld-Wolfen und ich war Reporterin bei der ›Wochenpost‹. Ich erinnere mich an einen ernsten jungen Mann, dem ich an seinem Schreibtisch gegenübersaß, von dem ich damals auch die Zahl einhundertachtzig gehört habe, einhundertachtzig Tonnen Flugasche, die jeden Tag auf Bitterfeld fielen, andere Zahlen auch, aber diese habe ich mir bis heute gemerkt, vielleicht weil sie sich an das Wort geheftet hatte und nicht an eine chemische Formel oder weil die Flugasche das Augenfälligste war. Wir erinnern uns beide an diese Begegnung. Warum er sich erinnert, weiß ich nicht und habe ihn auch nicht gefragt. Ich erinnere mich an seinen Ernst und, wie ich damals zu erkennen glaubte, an einen Ausdruck stiller Verzweiflung, die, so glaubte ich, von seiner genauen Kenntnis der Zustände herrührte.

Verzweifelt? Ach nein, verzweifelt sei er nicht gewesen, sagt er, er habe eben versucht, das Mögliche zu tun. Manches ging, vieles ging nicht. Den Sinn seiner Arbeit musste er sich an den kleinen Siegen, einem stillgelegten Schornstein oder einem neuen Filter, beweisen. Die haben dann vielleicht 0,1 Prozent des Problems ausgemacht, aber wenigstens das hatte er dann gelöst.

Karl Enders wurde 1990 in die von der Treuhand gegründete Chemie AG übernommen. Eine Weile sei er unsicher gewesen, was aus ihm werden würde, alle Stellen wurden ja neu ausgeschrieben. Aber dann wurde er von der Treuhand zum Leiter der Abteilung Umweltschutz und Arbeitshygiene berufen und direkt dem Vorstand unterstellt. Jahrzehnte hatte sich der Umweltschutz mit den Lücken begnügen müssen, die ihm die Produktion ließ. Nun wurde der Umweltschutz zur Produktion. Sieben- bis achttausend Werksangestellte, organisiert in Auffanggesellschaften, waren für Jahre mit der Sanierung der Böden und dem Abriss ihrer alten Betriebe beschäftigt. Die Hallen, in denen sie ihr halbes Leben verbracht hatten, nun selbst einzureißen, war für viele schmerzlich, aber es ging nicht anders, sagt Enders, sonst hätte sich hier nie wieder jemand angesiedelt. Vom Bund hätten sie ungeheure Mengen Geld für die Sanierung bekommen. Und was immer man über die Arbeit der Treuhand sagen könne – insbesondere über die Vergabe der rentablen Betriebe –, für den Rückbau der alten Anlagen durch Arbeitsbeschaffungsmaßnahmen könne man sie nur loben.

Und was war mit der Vergabe?, frage ich.

Die Filetstücke wie die Farbenproduktion oder die Pflanzenchemie, wo es noch lohnende Marktanteile gab, die haben sich die Treuhandmanager gesichert.

Noch während sie Treuhandmanager waren?

Da haben sie es schon angeleiert, manchmal auch über Helfer, und wenn sie ausschieden, konnten sie es perfekt machen.

Hätte es Leute aus dem Werk gegeben, die das auch gekonnt und gewollt hätten, frage ich und denke dabei an ORWO Net und MABA, zwei überlebende Teile der Filmfabrik, von denen noch die Rede sein wird.

Die Leute gab es, sagt Karl Enders, aber mit den günstigen Bedingungen, die den Managern offeriert wurden, hätten sie nicht konkurrieren können.

Bis vor vier Jahren hat er als Umweltbeauftragter gearbeitet, jetzt ist er Rentner, vierunddreißig Jahre vergehen schnell, auch wenn derweil die Welt aus den Angeln fliegt; er lacht, und ich wundere mich, dass ein einziges Treffen genügen kann, um Jahrzehnte später das Gefühl zu erzeugen, man hätte, wenn auch sehr aus der Ferne, eine Vergangenheit miteinander. Vielleicht ist es ja auch nur die gemeinsame Erfahrung des Alterns, die wir, jeder das Jugendbild des anderen im Kopf, gerade miteinander teilen.

1989 arbeiteten in der Filmfabrik Wolfen vierzehntausend Menschen, in den Bitterfelder Chemiewerken siebzehntausend. Innerhalb von drei Jahren verringerte sich die Luftverschmutzung um zweiundneunzig Prozent, ausschließlich durch die Stilllegung von Betrieben, erzählt Enders und versucht dann, mir die wechselhaften Besitz- und Eigentumsverhältnisse des alten Chemiekombinats seit 1990 zu erklären: Zuerst wurde aus dem Volkseigenen Kombinat eine Aktiengesellschaft. Nachdem der Versuch, diese Aktiengesellschaft als Ganzes zu verkaufen, gescheitert war, entwickelte die Treuhand das Konzept von einer Chemiepark GmbH, deren Betreiber die Infrastruktur bereitstellt, die notwendigen Dienstleistungen anbietet und das für die Chemie unerlässliche Verbundsystem zwischen den einzelnen Produzenten ermöglicht, damit die Zwischen- und Abfallprodukte des einen von anderen verwertet werden können. Die kollektive Nutzung der Stromversorgung, Kläranlagen, Rohrsysteme oder der Feuerwehr verringert die Kosten für die Unternehmen, die so zudem für chemiefremde Arbeiten nicht den höheren Chemietarif zahlen müssen.

Stadtrand von Bitterfeld, im Hintergrund der Bitterfelder Bogen

1997 wurden der Chemiepark Bitterfeld und der Industriepark Wolfen-Thalheim zum Chemiepark Bitterfeld-Wolfen GmbH vereint und 1998 an ein Betreiberkonsortium unter Vorbehalt verkauft. Zu dieser Zeit waren von den einhundertsechsundfünfzig Chemieanlagen, die bis 1990 produziert hatten, noch sechsunddreißig in Betrieb, zweihundertdreiunddreißig Firmen hatten sich neu angesiedelt, davon nur dreizehn Chemieproduzenten. Die größten Ansiedler waren das amerikanische Flachglaswerk Guardian Industries und die Bayer AG, die in Bitterfeld-Wolfen das Aspirin für den gesamten europäischen Markt produziert. Obwohl die Bayer AG sich mit Bedacht außerhalb des alten Kombinatsgeländes niederließ, wurden zuvor zweihundertfünfzigtausend Tonnen kontaminiertes Erdreich abgeräumt und danach auf einer Fläche von sechzig Hektar eine drei Meter hohe Sandschicht aufgeschüttet. Den Sand hätte er selbst auf Schadstoffe überprüft, sagt Karl Enders.

Der erste Verkauf des Chemieparks erwies sich schon nach einem Jahr als Fehlentscheidung, die Preise für Strom und Wasser waren zu hoch, neue Betriebe siedelten sich nicht an, die ansässigen drohten abzuwandern. Den Betreibern fehlte das Know-how, sagt Karl Enders, die haben die Millionen nicht mal abgerufen.

Der Chemiepark wurde mit Verlust zurückgekauft,

in einer zweiten Runde ausgeschrieben und ging an den Mindener Unternehmer Jürgen Preiss-Daimler, der schon seit den siebziger Jahren mit der DDR im Geschäft war und sich nach 1990 mit einigen Firmen in Bitterfeld niedergelassen hatte. Ein Selfmademan, unheimlich tüchtig, ein Arbeitstier, ausgestattet mit einer Spürnase für lohnende Geschäfte, so beschreiben ihn die Zeitungen, aber auch, die ihn kennen. Die Buchstaben P-D und die Farbe Türkis, Preiss-Daimlers Lieblingsfarbe, künden seitdem unübersehbar vom Erfolg des Herrn über tausend Hektar Chemiepark: P-D Congress-Center, P-D Business-Center, in dem noch Büroräume zu vermieten sind, P-D Show-Orchester, das im P-D Kultur-Center auftritt, dem ehemaligen Kulturpalast, berühmt geworden als Geburtshaus des Bitterfelder Weges, die Zäunchen darum, die Schilder, auf denen das Abstellen der Fahrräder an diesem Privateigentum verboten wird, der untere Schaft des Fahnenmastes, das Wort Kasse – alles türkis. Jeder Buchstabe, der zu P-D gehört, leuchtet türkis, auch die Pfeile auf den Wegweisern, die zu den einzelnen Firmen führen, und natürlich die zwanzig Kilometer Rohrbrücken, die kreuz und quer über den Chemiepark und entlang der Zörbiger Straße laufen. Alles türkis. Sogar die Skulptur einer Chemiearbeiterin, die früher vor der Filmfabrik stand und nun auf den Platz vor dem P-D Kultur-Center umgesiedelt wurde, ist mit türkiser Farbe besprenkelt, was sich bei genauer Prüfung aber nicht als Preiss-Daimlers Besitzanzeige, sondern als Grünspan erweist. Sie hat sich freiwillig eingefärbt.

Während in Bitterfeld und Wolfen, wie im gesamten Chemiedreieck zwischen Halle, Schkopau und Dessau, die ruinöse und giftige Hinterlassenschaft einer heruntergewirtschafteten Chemieindustrie abgetragen wurde und zehntausende Arbeiter, Ingenieure, Angestellte, deren sicher geglaubte Lebenspläne jäh abgebrochen waren, ihre Arbeitsbiografien neu begründen mussten oder daran auch scheiterten, während dieser Zeit entschieden Lemoine und seine Partner, die Solarmodule, die sie für ihre Vorhaben bei Wuseltronik brauchten, selbst herzustellen, und gründeten die Firma Solon. Die Geschäfte liefen mäßig erfolgreich, die Belieferung mit Solarzellen, aus denen die Module hergestellt werden, war unzuverlässig, zumal eine kleine und nicht konzerngebundene Firma wie Solon oft nur mit minderer Qualität bedacht wurde. Bis 1999 hätten sie damit kein Geld verdient, erzählte mir Clemens Triebel. Wenn es billiger werden sollte, musste man größere Mengen produzieren. Es schien also vernünftig, sich von den Lieferanten unabhängig zu machen, noch einmal eine neue Firma zu gründen und die Zellen, statt sie auf dem Weltmarkt einzukaufen, selbst herzustellen, was im Firmenkonzept als zweite Ausbaustufe von Anfang an vorgesehen war und wofür der Berliner Senat auch die nötige Förderung in Aussicht gestellt hatte.

Lemoines Traum, eine Produktionsanlage in der ersten Etage eines Kreuzberger Gewerbebaus mit Blick auf die Spree zu installieren, scheiterte, weil der Strom, der in Kreuzberg unter der Erde liegt, für die Produktion von Solarzellen einfach nicht ausreicht.

Zur gleichen Zeit ging das Unternehmen Solon an die Börse. Die Entscheidungsmacht verlagerte sich von den wilden Gründern auf einen professionellen, gewinnorientierten Vorstand, der zugunsten einer sicheren Modulherstellung auf Experimente mit der Zellenproduktion lieber verzichten wollte.

Zu Solon waren inzwischen Paul Grunow und Holger Feist gestoßen, die sich seit der Studienzeit kannten. Beide hatten am Hahn-Meitner-Institut über Photovoltaik promoviert und waren danach als Praktikanten oder sogar arbcitslos auf Arbeitssuche. Bei Solon, hatte Holger Feist gehört, gäbe es so ein paar Verrückte, die wollten, was Grunow und er auch wollten: Was Richtiges machen.

Lemoine, Feist und Grunow beschlossen, die neue Firma für die Zellenherstellung als eigenes, von Solon unabhängiges Unternehmen zu gründen. Ein Business-Plan wurde erstellt, der aber keiner Bank einen Kredit wert war. An den Bittgang zur Berliner Investitionsbank erinnert sich Holger Feist noch immer mit Abscheu. Auch die Stadt Berlin hatte wenig Interesse an einer neuen Solargründung, nachdem die Investitionen in die Firma Solon sich bis dahin als nicht besonders einträglich erwiesen hatten, was aber vor allem an den minderwertigen Zellen lag, die in den Modulen verarbeitet werden mussten.

Ihr Plan sei eigentlich gut gewesen, sagte Holger Feist; aber offenbar boten die drei nicht das Bild solventer Firmengründer, das einer Bank oder Behörde Vertrauen und Kapital hätte abringen können.

Die Ingenieurin Dagmar Vogt kannte Lemoine, Feist und Grunow seit 1998, als sie von Solon mit der Konzeptstudie für eine mögliche Solarzellenproduktion in Kreuzberg beauftragt worden war, an der Lemoines Traum dann zerplatzte. Über Kreuzberger Freunde erfuhr sie von der erfolglosen Geldsuche der drei Gründungswilligen. So kam Anton Milner, ein Freund von Dagmar Vogt, ins Spiel. Anton hatte ein Jahr zuvor bei McKinsey gekündigt und suchte seitdem eine lohnendere Aufgabe für sein Leben. Er bot seine Dienste an, prüfte den Business-Plan und befand, die drei Firmengründer brauchten nicht einfach einen Berater, sondern einen kaufmännisch versierten Partner. Der bekennende Marxist Lemoine und der McKinsey-Mann und frühere Shell-Angestellte Milner; das Misstrauen war auf beiden Seiten groß. Ob er mit diesen Kommunisten wirklich etwas machen solle? fragte Anton Dagmar. Einmal McKinsey – immer McKinsey, befürchteten die anderen. Aber das Potential konnte man riechen, sagt Anton Milner heute. Und Lemoine, Grunow und Feist brauchten jemanden, der die Sprache der Geldgeber beherrschte und der die Mitteilung, sie könnten ihn allerdings nicht bezahlen, akzeptierte. Seitdem präsentierte Anton Milner das Unternehmenskonzept für die neue Solarzellenfabrik, die Q-Cells heißen sollte, Q wie Qualität.

Schon vor Milners Einstieg hatten die drei Gründer bei ihrer Suche nach einem Standort Kontakt zum Wirtschaftsministerium von Sachsen-Anhalt aufgenommen, das seine Unterstützung an eine Bedingung knüpfte: Der Standort muss Bitterfeld sein.

Als Lemoine und seine Gefährten nach einem Ort suchten, an dem sie mit einem Startkapital von sechzigtausend Mark ihre Solarzellen produzieren konnten, war die Luft über Bitterfeld und Wolfen so rein wie seit hundert Jahren nicht. Die Befreiung vom Gift in ihrer Atemluft bezahlten die Bitterfelder, Wolfener, Thalheimer und Greppiner mit ihren Arbeitsplätzen, wie sie zuvor die sicheren Arbeitsplätze mit ihrer Gesundheit bezahlt hatten. Bis 1996 wurden achthundertfünfzig Millionen Mark in Abriss- und Sanierungsarbeiten investiert. Damit war die hundertjährige Geschichte als bedeutender deutscher Standort für die chemische Industrie und Filmherstellung zunächst beendet. Wo vorher rußgeschwärzte Fabrikhallen dicht nebeneinander die Straßen der Werkgelände säumten, breiteten sich nun steppenähnliche, von Gräsern und Wildblumen bewachsene Flächen, auf denen hier und da das leuchtende Logo einer

Solar Valley

Firma und ein neues Haus, auch einige gerettete, inzwischen mit Sandstrahl gereinigte gelbe oder dunkelrote Klinkerbauten, von neuen oder alten Produzenten kündeten.

Die Kreuzberger sollten nach Thalheim, ein paar Kilometer von Bitterfeld entfernt, auf einen Acker außerhalb des Chemieparks. Von Bitterfeld kannten sie nicht viel mehr als den schlechten Ruf und den wenig verheißungsvollen Namen, dessen Ursprung eine Legende allerdings flämischen Siedlern zuschreibt, die den damals weder durch Kohleabbau noch durch die Chemie verwüsteten Landstrich das ›betere veld‹, das bessere Feld, genannt haben sollen.

Die wollten nicht hierher, sagt Manfred Kressin, die zog es doch eher nach Berlin. Darum haben sie die Messlatte ganz hochgelegt, in der stillen Hoffnung, wir würden nicht drüberkommen.

Seit dem Juli 2007 gehört Thalheim zur vereinigten Stadt Bitterfeld-Wolfen. Aber damals war Thalheim noch eine eigenständige Gemeinde und Manfred Kressin ihr Bürgermeister. Kressin ist Thalheimer, seine Eltern zugewandert aus Schleswig-Holstein und Stettin. Im Jahr 1943, als Manfred Kressin im Wohlfahrtsheim Thalheim geboren wurde, kam sein Vater in russische Gefangenschaft, die er nicht überlebte. Manfred Kressin wurde Ingenieur, arbeitete in der Filmfabrik, später in Dessau. Als die Mauer fiel, war er sechsundvierzig Jahre alt, wurde zum ehrenamtlichen Bürgermeister für die CDU gewählt und leitet seit 1994 das Technologie- und Gründerzentrum in Wolfen, wo ich ihn auch getroffen habe, in einem wenig inspirierenden Büroraum, der wohl schon öfter als Kulisse gedient hat für Interviews, in denen Kressin vom unglaublichen Aufstieg seines Dorfes Thalheim zum wuchernden Stammsitz eines Global Player berichten sollte.

Die wollten nicht hierher, sagt Manfred Kressin noch einmal.

Er und seine Gemeinderäte haben sich die Bedingungen der Berliner angehört und dann zur Beratung zurückgezogen. Es ging um eine kleine Solarzellenfabrik mit vierzig Arbeitsplätzen, aber in einer Region wie Bitterfeld war jeder Arbeitsplatz kostbar.

Wir haben eine Viertelstunde gewartet, sagt Kressin, damit die nicht denken, wir hätten nicht gründlich überlegt, und haben dann alle Bedingungen zugesagt. Schließlich hatten sie schon Erfahrungen mit der Glasfabrik Guardian, einem Weltkonzern mit Stammsitz in Detroit, was sie damals gar nicht so genau wussten. Und während sie noch um die Berliner rangen, wurde die Baugenehmigung für ein Folienwerk erteilt. Da konnten wir nochmal üben, sagt Kressin. Die Thalheimer warben mit allem, was sie zu bieten hatten: mit einem halbierten Steuerhebesatz, wobei

Kressin den Eindruck hatte, dass nur Anton Milner wusste, was ein Steuerhebesatz eigentlich ist (mir erklärt er es, aber ich verstehe es auch nicht), sie warben mit der »hohen Chemietoleranz der Bevölkerung«, wie ein wesentlicher Standortvorteil genannt wird, mit einer Arbeiterschaft, die an Schichtarbeit gewöhnt ist, und mit dem Versprechen, den Bauherren jedes Hindernis aus dem Weg zu räumen.

Die Wirtschaftsförderung aus Magdeburg und Thalheims beherzter Kampf um die vierzig Arbeitsplätze wogen die Abneigung der Berliner Gründer gegen den tristen Ort endlich auf. Sie zogen nach Thalheim.

Erst im Dezember, statt wie geplant im Spätsommer 2000, hatten sie die zwölf Millionen aufgetrieben, die sie außer ihren sechzigtausend Mark Eigenkapital brauchten. Am 6. Januar 2001 begannen die Bauarbeiten; ein halbes Jahr später, am 23. Juli 2001, wurde die erste Zelle produziert. In seiner Rede zur Einweihung der ersten Linie sagte Manfred Kressin, er wünsche Q-Cells einen ähnlichen Erfolg, wie die Agfa ihn hundert Jahre zuvor in Bitterfeld-Wolfen begründet hatte.

Damals haben sie alle gelacht, sagt Kressin, aber bei der dritten Einweihung, als aus den vierzig Mitarbeitern schon vierhundert geworden waren, lachte keiner mehr.

Jeder Mitarbeiter der Firma Q-Cells hat eine Nummer, in der Reihenfolge seiner Zugehörigkeit. Anton Milner hat die Nummer Eins, Uwe Schmorl die Nummer Acht.

Uwe Schmorl, aufgewachsen in einem kleinen Ort im Anhaltinischen, kam 1979 nach Wolfen. Er war sechzehn Jahre alt, lernte Schlosser und machte gleichzeitig das Abitur, Berufsausbildung mit Abitur hieß das in der DDR; er wohnte im Lehrlingswohnheim und spielte Fußball. Bis 1990 arbeitete er als Schlosser in der Filmfabrik mit einer Unterbrechung von zwei Jahren, in denen er Fußballprofi war, weil die Betriebssportgemeinschaft Chemie Wolfen es 1983 in die Bezirksliga geschafft hatte. Zwei Jahre später stieg sie ab und Uwe Schmorl wurde wieder Schlosser. Er heiratete, bekam zwei Kinder, Zwillinge, wohnte mit der Familie in einer siebzig Quadratmeter großen Wohnung im Neubauviertel Wolfen-Nord und verdiente, weil er nur in der Tagschicht arbeitete, sechshunderfünfzig Mark brutto. 1990 wurde er, wie alle vierzehntausend Beschäftigte der Filmfabrik, arbeitslos. Die einzige Arbeit, die Bitterfeld und Wolfen damals anzubieten hatten, waren Abriss- und Aufräumarbeiten, die als Arbeitsbeschaffungsmaßnahmen galten. Uwe Schmorl räumte ein Jahr lang kleine Lager um in ein großes Zentrallager, bis er in der Sparkasse zufällig seinen ehemaligen Sektionsleiter aus dem Fußballverein traf, der ihm sagte, dass sie bei der Glasfaserfabrik RESA noch Leute suchten. Schmorl baute die Firma mit auf, wurde, als die Produktion anlief, Schichtleiter, später stellvertretender Produktionsleiter. Neun Jahre arbeitete er bei RESA, bis sich 1999 in der Nähe ein Großproduzent für Glaswolle ansiedelte, RESA mit Dumpingpreisen vom Markt drängte und am Ende übernahm, mit einer Bestandsgarantie für weitere fünf Jahre. Fünf Jahre, dachte Uwe Schmorl, reichen, um ein Haus zu bauen. 1993 war zu den beiden Söhnen noch eine Tochter geboren worden, und auch die neunzig Quadratmeter, in denen sie inzwischen wohnten, wurden wieder zu eng. Aber dann wurden aus den garantierten fünf Jahren achtzehn Monate. Und da, sagt Uwe, brach eine Welt für ihn zusammen. Drei Kinder, der Hausbau und überall Leute, die Arbeit suchten. Er bewarb sich bei jedem ansässigen Unternehmen, ohne Erfolg.

Eines Tages sah er vom Fahrrad aus auf freiem Feld in Thalheim so ein komisches Schild, auf dem der Bau einer neuen Firma angekündigt wurde. Er fragte Manfred Kressin, wer die seien und ob die Arbeit zu vergeben hätten.

Die sitzen in Berlin, Schlesische Straße, sagte Manfred Kressin, ruf doch einfach an.

Zum Vorstellungsgespräch fuhr er mit seiner Frau. In Kreuzberg haben sie lange nach einem Restaurant mit deutscher Küche gesucht und am Ende beim Türken gegessen. In der Schlesischen Straße, nahe der Oberbaumbrücke, die den Friedrichshain von Kreuzberg trennt und früher zur Mauer zwischen Ost und West gehörte, saßen in der ersten Etage jenes Gewerbebaus, in dem Lemoine seine Solarzellen eigentlich hatte produzieren wollen, die Männer, von denen Uwe Schmorl die Rettung seiner Zukunft erhoffte: Paul Grunow, Holger Feist, Anton Milner und Reiner Lemoine, und redeten. Paul erzählte von seinen Unternehmungen in Brasilien, Reiner sprach über seine Zeit in Österreich. Uwe konnte immerhin Sibirien dagegenhalten, wo er für Gasprom eine Glaswollanlage angefahren hatte, wusste aber nicht, ob er mit dieser Mitteilung hatte beeindrucken können, weil die vier ihn nichts fragten und stattdessen nur von sich selbst erzählten.

Irgendwann hätte er dann gesagt, dass eigentlich

Gebäude 041. Wolfen

doch er es sei, der sich hier vorstellen sollte. Daraufhin sei Anton Milner aufgestanden, habe ihm die Hand gedrückt und gesagt, er werde sich bei ihm melden.

Zu seiner Frau sagte Uwe, er hätte es wohl vergeigt.

Ein paar Tage später rief Anton an. Seitdem gehört Uwe Schmorl zu Q-Cells, was er wie die meisten Bitterfelder, Wolfener und Thalheimer im Unterschied zu den Berlinern ausspricht wie Ku-Zells und wovon zu dieser Zeit nichts zu sehen war als das komische Schild auf dem Thalheimer Feld.

Reiner Lemoine, Holger Feist, Paul Grunow und die anderen Berliner gründeten eine Wohngemeinschaft in einer Etage des Gutshauses in Löberitz, Anton Milner nahm für zwei Jahre Quartier im ›Deutschen Haus‹ in Wolfen. Die Wochenenden verbrachten sie in Berlin.

Thalheim hielt, was es versprochen hatte. Bei allen Investoren und Genehmigungsbehörden sind sie gemeinsam aufgetreten, sagt Manfred Kressin. In einer Region, die um ihre Wiederauferstehung kämpft, spielt es keine Rolle, ob jemand in der CDU, SPD oder FDP ist, weil alle das Gleiche wollen müssen: jeden, der sich hier niederlassen will, davon überzeugen, dass seine Wahl richtig war, dass er nirgends willkommener ist und es nirgends leichter hat als hier, dass er hier bleiben muss und wachsen.

In den ersten eineinhalb Jahren zahlten sich die drei

Gründer und ihr erster Angestellter Anton Milner kein Gehalt. Auch Dagmar Vogt, die mit der technischen Ausstattung der Produktionslinie beauftragt war, bekam ihr Honorar erst ein Jahr später. Niemand von ihnen, außer Anton, hatte bis dahin so viel verdient, dass diese Entscheidung für ihn, und auch für die Familien, nicht ein Opfer gewesen wäre. Aber auch das gehört zum Mythos der Gründerzeit, und bei jedem, der von diesen ersten Jahren erzählt, signalisieren Stimme und Augen eine unbestimmte Sehnsucht nach der Aufregung und der Gemeinsamkeit des Anfangs, als sie erst vier, dann acht, dann zwanzig und schließlich vierzig Leute waren. Q-Cells, das war wie eine Familie, sagt Uwe Schmorl. Und jeder spricht von Reiner Lemoine, der, wie Manfred Kressin es ausdrückt, »für den menschlichen Part zuständig war«. Lemoine, der Marxist und Antikapitalist, der nun, wenn er das Richtige machen wollte, auf den Kommerz nicht mehr scheißen konnte, weil Solaranlagen bezahlbar sein mussten, wenn sie der Welt, auch ihren abgelegenen Gegenden, wo keine Stromnetze hinreichen, Unabhängigkeit bescheren sollten von den Öl- und Gasmultis und von Atomkraftwerken. Das bedeutete, es musste in großen Mengen produziert werden, die Photovoltaik musste konkurrenzfähig werden, sie musste wachsen, investieren, sie brauchte Geld. Die Marktgesetze konnte er nicht ändern, aber die Vision von einer gemeinsamen Arbeit am Richtigen hat Reiner Lemoine Q-Cells ins Fundament gemauert.

Bei Q-Cells hat Uwe Schmorl, wie schon bei RESA, als Anlagenaufbauer angefangen; es stand ja noch nichts. Später, als die Produktion anlief, wurde er, auch wie bei RESA, Schichtleiter. Im Sommer 2003 war er mit Anton Milner Tennis spielen, hinterher sind sie zum Griechen gegangen, Dagmar war auch dabei, und plötzlich hat Anton ihn gefragt: Willst du Produktionsleiter werden? Das Praktische könne er, hat Uwe Schmorl gesagt, schließlich hätte er jedes Teil selbst aufgebaut, nur der Computer sei nicht sein Freund. Uwe Schmorl wurde Produktionsleiter. Und zwei Jahre später hat Anton ihn gefragt, ob er nicht als Vertreter der Arbeitnehmer in den Aufsichtsrat will. Er sei doch nun leitender Angestellter, sagte Uwe Schmorl, den hier, wie er mir erzählt, alle nur Schmorli nennen, da könne er doch schlecht für die Arbeitnehmer... Lass dich wählen, hat Anton gesagt, wenn sie dich wählen, dann bist du's. Zwei Drittel der Belegschaft stimmten für ihn. Seitdem sitzt Schmorli im Aufsichtsrat des größten Solarzellenherstellers der Welt.

Warum er eigentlich in der DDR bis zum Ende Schlosser war, wenn er danach zweimal hintereinander, als wäre es der für ihn natürliche Weg, diesen Aufstieg genommen hat, frage ich.

Er hätte mal ein Fernstudium angefangen, 1983, sagt Uwe, Verfahrenstechnik, aber nach zweieinhalb Jahren wurde es chemiespezifisch, die langen Formeln, eigentlich sei er ein bißchen faul. Außerdem wollte er gar nicht werden, was er danach geworden wäre. Für hundertfünfzig Mark mehr die Prügel von oben und von unten, und mit dem Sozialismus hätte er es auch nicht so gehabt. Er hat das Studium abgebrochen und ist lieber Schlosser geblieben; andere sagen, Schmorli wollte lieber Fußball spielen.

Im autoritärpädagogischen Gefüge der DDR blieb das, was Anton Milner »Uwes natural leadership« nennt, offenbar unerweckt. Bei Q-Cells hätte er von Anfang an mitentscheiden können, sagt Uwe, das hat er mit aufgebaut. Man ist morgens aufgewacht und hat sich gefreut, zur Arbeit zu gehen, damals, als sie noch fünfzig oder hundert Leute waren, als Reiner noch lebte und Holger Feist und Paul Grunow noch dabei waren und als Anton noch an jedem Freitag in der Nacht, wenn er sein Büro abgeschlossen hatte, durch die Linie gegangen ist.

Und jetzt?

Jetzt ist es auch noch schön, klar. Aber anders. Jetzt sind sie ein Konzern, fast zweitausend Mitarbeiter bei Q-Cells, mit den Tochterfirmen, die sich rundum angesiedelt haben, bald dreitausendfünfhundert. Uwe schwankt zwischen Einsicht und Wehmut, wenn er den Zauber des Anfangs beschwört und doch weiß, dass der Anfang vorbei ist.

Seit seiner Gründung verdoppelte Q-Cells nahezu in jedem Jahr die Anzahl seiner Mitarbeiter. Als Anton Milner mit seinem kaufmännischen Instinkt das Potential von Lemoines Business-Plan riechen konnte, hatte er sich nicht getäuscht. Allmählich bewegte die Erkenntnis, dass eine Zukunft ohne alternative Energien nicht denkbar ist, nicht nur Klimaforscher und Ökologen, sondern ließ auch die Wirtschaft weltweit auf neue Märkte bauen. Und das deutsche Gesetz zur Förderung regenerativer Energien sichert den ansässigen Solarproduzenten günstige Bedingungen für den internationalen Wettbewerb, was Deutschland auch zu einem lohnenden Standort für ausländische Firmen machte. Auf dem Acker von Thalheim stehen inzwischen fünfzehn Solarfabriken.

Im Juni 2007 wurde die zweite Produktionslinie von Ever-Q, einer Beteiligungsgesellschaft von Q-Cells, eingeweiht. Ein großes, weißes Festzelt stand zwi-

Wolfen-Nord

schen den fertigen Produktionshallen und dem aufgerissenen Bauland für die künftigen. Der Minister werde sprechen, hatte es geheißen, aber der Minister schickte einen Abteilungsleiter, der Sachsen-Anhalts Zukunft als Land der erneuerbaren Energien entwarf, wo die Arbeitskräfte billiger sind als in Südkorea und Taiwan und wo man vierzehn Monate nach dem Bauantrag mit der Produktion beginnen kann, in Zukunft sicher noch schneller. Der Osten wird die modernste Wirtschaftsregion, sagte er, und ich musste lachen, weil mir Walter Ulbrichts Parole »überholen ohne einzuholen« durch den Kopf schoss. Der Abteilungsleiter rühmte Ever-Q für die Ausbildung von Facharbeitern und die Unterstützung von Diplomanden und Absolventen. Die Wirtschaft mache der Politik Mut, sagte er, während vor den Plastikfenstern des Festzeltes Bagger und Baufahrzeuge vorbeifuhren.

Danach sprachen Manfred Kressin und der Landrat von Bitterfeld, der überraschend die Baugenehmigung für Ever-Q III überbrachte und damit einige Unruhe auslöste, weil offenbar sogar die Antragsteller vom Tempo der Genehmiger überrollt wurden.

Am Abend kam die Spätschicht von Q-Cells in dunkelblauen T-Shirts und mit blauen beutelartigen Plastiküberziehern an den Füßen, füllten ihre Teller am üppigen Festbuffet und gaben dem Bild seine Grundierung. Die hier miteinander feierten, verband nicht mehr als das Werk, das sie miteinander schufen; das Management von Q-Cells und Ever-Q, dem man seine Weltläufigkeit ansah, und die Honoratioren des Landkreises Bitterfeld-Wolfen, Manfred Kressin aus Thalheim, die Bürgermeisterin von Wolfen, Petra Wust, inzwischen Oberbürgermeisterin der vereinigten Stadt. Hier trafen die große Welt der Global Player und die kleinstädtische Welt von Sachsen-Anhalt aufeinander. Wenn das Bild trotzdem harmonisch wirkte, dann wohl, weil jeweils die eine Welt hat, was die andere braucht: die eine bietet viel Baufläche, gut ausgebildete Arbeitskräfte, die hohe Chemietoleranz ihrer Bevölkerung und Behörden, die sich als Dienstleister der Bauherren verstehen; so sagt das Petra Wust: wir lesen jedem Investor seine Wünsche von den Augen ab. Denn die Welt der Investoren kann der Region geben, was sie am dringendsten braucht: Arbeit und eine industrielle Zukunft.

Im Oktober 2008, als er Anton Milner den Verdienstorden seines Landes verlieh, bedankte sich der Ministerpräsident von Sachsen-Anhalt, Wolfgang Böhmer, öffentlich bei dem Land Berlin, das den Gründern von Q-Cells die Ansiedlung in Berlin unmöglich und damit Sachsen-Anhalt zum Geschenk gemacht hatte.

Die Ansiedlung der Solarindustrie in der Region Bitterfeld ist eine Erfolgsgeschichte, die Ansiedlung ihrer leitenden Mitarbeiter nicht. In Bitterfeld oder Wolfen wohnen will kaum jemand, der hier nicht aufgewachsen ist, der nicht durch Freunde, Familie und Lebensweg mit der Gegend verbunden ist. Die Anlagenfahrer, im amerikanischen Wirtschaftsjargon Operator genannt, und die mittlere Leitungsschicht von Q-Cells stammen zum größten Teil aus der Umgebung, die obere Führungsebene kommt bisher ausschließlich aus dem Westen, was allerdings nicht von einem west-ostdeutschen Bedeutungsgefälle zeugt, sondern von dem Vorsprung, den die westdeutschen Universitäten und Hochschulen in den Umwelttechnologien hatten. Die wichtigsten Forschungs- und Ausbildungszentren für die Photovoltaik liegen in Freiburg, Konstanz und Karlsruhe. Wer aber aus der waldigen Landschaft und den idyllischen Städten Süddeutschlands kommt und die Wahl hat, dort zu bleiben oder nach Berlin oder nach Dresden zu ziehen oder eben in das von der Industrie geprägte und überdies übel beleumundete Bitterfeld, braucht schon schwerwiegende Gründe. Wer trotzdem Q-Cells wählt, wohnt dann im dreißig Kilometer entfernten Leipzig und pendelt, sogar Berliner verbringen lieber jeden Tag drei Stunden im Zug, weil sie oder ihre Familien nicht in Bitterfeld, Wolfen oder Thalheim leben wollen.

Als die Agfa 1895 die Farbenfabrik in Wolfen baute, nahm sie zwanzig Arbeiter und Meister aus dem Berliner Stammwerk mit. Wolfen war ein Dorf, in dem achthundertzehn Menschen lebten. Zwei Braunkohlegruben zwischen Wolfen und Greppin waren erschlossen, und in den Greppiner Werken wurde der Ton, der auf den Braunkohleflözen lagerte, zu Ziegeln und Terrakotten verarbeitet. Und schon damals hielt es einen Teil der Städter nicht in Wolfen, sie gingen zurück nach Berlin. Für ihre Angestellten plante die Agfa eine Wohnkolonie in Bitterfeld, schon um die Jahrhundertwende eine Stadt mit elftausend Einwohnern, was am Bitterfelder Bürgermeister scheiterte. Die Wohnkolonie für die Angestellten wurde trotzdem nicht im Dorf Wolfen gebaut, sondern in der Stadt Dessau.

Solcherart Schmähung der Stadt, in der sie geboren wurde und der sie jetzt als Oberbürgermeisterin vorsteht, will Petra Wust nicht hinnehmen. Und sie kann auch nicht verstehen, warum es für manche Menschen eine Zumutung oder sogar ein Unglück sein sollte, in Bitterfeld oder Wolfen zu wohnen. Die Luft ist doch nun sauber und die Umgebung schön, die Dübener Heide, auch der Wörlitzer Park ist nah und der Große Goitzschesee, auf dem man segeln kann, und eine halbe Stunde ins Gewandhaus oder Theater nach Leipzig oder nach Halle; in Berlin muss man auch oft eine halbe Stunde und länger fahren, wenn man in die Oper will. Sie könnte den Zuzüglern schöne alte Villen anbieten, in denen einmal die Chefs der IG Farben gewohnt haben, sie würde auch dafür sorgen, dass sie sich einen Kindergarten nach ihren Vorstellungen einrichten könnten. Sie würde alles ermöglichen, wenn sie damit die führenden Köpfe der ansässigen Industrie auch zu Bürgern ihrer Stadt machen könnte.

Petra Wust ist gebürtige Bitterfelderin. Nach Wolfen ist sie erst durch ihre Heirat und ein erworbenes Haus gekommen. Aber bis dahin, sagt sie, wäre sie nie auf die Idee gekommen, nach Wolfen zu fahren. Wolfen sei für sie wie Ausland gewesen. Wolfen mit seinem einstmals weltberühmten Agfa-Farbfilm war immer ein bißchen feiner als Bitterfeld mit seiner Chlorchemie, nicht so dreckig, nicht so stinkig, auch wenn der berüchtigte Silbersee, in dem die Abfälle der Filmfabrik und Kunstfaserproduktion sich als stinkender Schlamm sammelten, für den Außenstehenden die Unterschiede verschwimmen ließ.

Petra Wust, Jahrgang 1952, wurde im Chemiekombinat als Facharbeiterin für die elektronische Datenverarbeitung ausgebildet, heiratete, bekam ein Kind, studierte an der Hochschule für Finanzwirtschaft in Gotha, arbeitete im Chemiekombinat und bei der Staatlichen Versicherung, studierte später im Fernstudium Betriebswirtschaft und ging als Ökonomin zur Filmfabrik. Alle zehn Jahre musste sie irgendwie etwas Neues anfangen. Eigentlich hätte sie gerne etwas mit internationaler Kooperation gemacht, aber das klappte wegen der Westverwandtschaft nicht, Gott sei Dank, sagt sie, wer weiß, was man sonst vielleicht unterschrieben hätte. Als die Mauer fiel, waren die zehn Jahre gerade wieder abgelaufen. Die Stadt Wolfen suchte einen Finanzdezernenten, und die Betriebswirtin Wust machte sich keine Illusionen über die Zukunft der Filmfabrik, die sich von dem Weltmarkt schon in den achtziger Jahren abgekoppelt hatte, als ORWO sich für ein anderes Entwicklungsverfahren entschied als Kodak und sich damit auf seine sozialistischen Handelspartner beschränkte. Petra Wust war klar, dass sie einen neuen Arbeitsplatz brauchen würde. Sie bewarb sich als Finanzdezernentin bei der Stadt Wolfen – mit Erfolg und wieder für zehn Jahre –, wurde 2001 zur stellvertretenden und zwei Jahre später zur amtierenden Oberbürgermeisterin gewählt.

Petra Wust ist parteilos, und wahrscheinlich spielt die Parteizugehörigkeit auch die geringste Rolle, wenn die Verhältnisse die Agenda des Handelns diktieren. Für Bitterfeld und Wolfen hieß das: Investoren locken und binden und zugleich ein rettendes Netz knüpfen für alle, denen der ungeheure Wandel vorübergehend

Auf dem Bitterfelder Bogen

oder dauerhaft die Arbeit raubte und sie damit zugleich in die soziale Obdachlosigkeit stürzte.

In einem schmalen Informationsheft über die Stadt Wolfen finden sich die Adressen von Selbsthilfegruppen und Beratungsstellen aller Art, von Chören, Tanzgruppen, Sportvereinen, Schreibzirkeln …

Sie hätten damals ja gewusst, was auf sie zukommt, sagt Petra Wust, und hätten darum viel, auch viel Geld investiert, um denen, die sich ein bißchen verloren fühlten, Angebote zu machen. Aber genutzt würden sie vor allem von denen, die Arbeit haben. Manche Menschen hätten sich von dem Schock nicht mehr erholt, wurden depressiv oder zogen sich aus Scham zurück oder verloren jeglichen inneren Halt und richteten sich zugrunde. Andere haben sich aber auch in ihrem reduzierten Leben eingerichtet, sagt sie.

Hätten sie denn Möglichkeiten gehabt, frage ich.

Viele haben sich damals nicht vorstellen können, dass wirklich alles zusammenbricht, und haben darauf gewartet, dass irgendwas passiert und das Leben wieder in Ordnung bringt. Und dann war es zu spät, sagt Petra Wust.

Wüsste ich nicht, dass sie Oberbürgermeisterin ist, würde ich sie vielleicht für die Chefin eines kleinen Unternehmens halten, die, selbst wenn sie sich einen träumerischen Blick in die Zukunft gestattet, die Soll-

und Haben-Bilanz nicht aus dem Blick verliert und das Wort *wollen* nie ohne das Wort *können* denkt.

Nach 1990 waren, außer den PDS-Mitgliedern, alle Ostdeutschen, die politische Ämter übernahmen, Amateure. Weder hatten sie eine lange Parteikarriere hinter sich, noch hatten sie Erfahrungen in der praktischen Politik und Verwaltung. Sie waren Wissenschaftler wie Angela Merkel oder Wolfgang Thierse oder Ingenieure wie Wolfgang Tiefensee und Manfred Kressin oder auch Ökonomen wie Petra Wust. Sie hatten nirgends lernen können, wie man eine Kommune, eine Region oder einen Staat richtig führt, was man tun muss, damit ein Gemeinwesen funktioniert und die Wirtschaft floriert. Sie hatten nur jahrzehntelang studieren können, unter welchen Bedingungen Städte verfallen und die Wirtschaft zugrunde geht. Vielleicht wissen Manfred Kressin und Petra Wust ja gerade darum so genau, was sie ihren ansiedlungswilligen Investoren bieten müssen und was sie ihnen auf keinen Fall zumuten dürfen.

Die Stadt Bitterfeld-Wolfen hat ihre schlimmste Zeit hinter sich. Die Arbeitslosenquote liegt zwischen zehn und zwölf Prozent, im Chemiepark siedeln sich, wenn auch zögerlich, immer noch neue Firmen an. Die Landschaft hat sich erholt, und rund um die Goitzsche recken sich die jungen Bäume und Sträucher, bis sie eines Tages ganz vergessen lassen, dass hier einmal nichts zu sehen war als die trostlose Hinterlassenschaft des Braunkohleabbaus.

Ich erzähle Petra Wust, dass ich auf die Frage, ob die Bitterfelder und Wolfener den Wandel seit 1990 eher als Gewinn oder als Verlust betrachten, oft gehört habe, der Befragte empfinde es zwar als Gewinn, kenne aber viele Leute, die es als Verlust ansähen, wenn auch kaum jemand die DDR wiederhaben wolle. Aber man vermisse den Zusammenhalt, und vor allem sähe man keine Zukunft für die Jugend, die nach wie vor abwandere.

Sagen sie das wirklich immer noch? Petra Wust schüttelt den Kopf, ärgerlich oder enttäuscht. Schon jetzt suchten die Betriebe qualifizierte Facharbeiter, und nun kämen auch noch die geburtenschwachen Jahrgänge aus der Schule, um die sich die Firmen bald reißen würden.

Bitterfeld-Wolfen ist nicht die einzige Stadt, in der sich die depressive Stimmung länger hält als die Umstände, die sie hervorgerufen haben.

Kürzlich wurde in einer Studie ermittelt, dass ein Drittel aller Deutschen, aber mehr als die Hälfte der Ostdeutschen der Demokratie nicht zutrauen, die bestehenden Probleme zu lösen. Während im Westen vorwiegend Empfänger von Sozialleistungen zu den Demokratieskeptikern gehören, bezweifeln im Osten auch Menschen, die weder arbeitslos noch persönlich unzufrieden sind, die Möglichkeiten demokratischer Machtausübung. Man kann darüber spekulieren, ob die Ostdeutschen, jedenfalls ein Teil von ihnen, ein anderes, eher autoritäres Staatsverständnis haben oder ob sie sich, als sie noch in einer Diktatur lebten, die Demokratie vollkommener vorgestellt haben oder ob sie ganz einfach die tatsächlichen Mängel der konkreten bundesdeutschen Demokratie beklagen, was ihr gutes demokratisches Recht wäre. Ganz sicher aber waren sie es nicht gewöhnt, mit Ungleichheiten zu leben. Selbst hohe Gehälter lagen in überschaubarer Nähe der niedrigen, von der defizitären Wirtschaft waren alle betroffen, vom Reiseverbot auch. Es ist also auch möglich, dass es vielen Ostdeutschen schwerer fällt, Verhältnisse als akzeptabel zu benennen, mit denen sie selbst insgeheim zufrieden sind, aber Verwandte, Freunde, Bekannte, die es schlechter getroffen haben, nicht.

So jedenfalls versuche ich mir zu erklären, was ich sonst nur schwer verstehen kann.

Aus den Zeiten der großen Auswandererbewegungen des neunzehnten Jahrhunderts ist ein düsterer Spruch überliefert:

Die ersten haben den Tod
Die zweiten haben die Not
Die dritten haben das Brot

Marktplatz. Bitterfeld

Die Menschen sind ausgewandert, damit ihre Kinder und Enkelkinder es einmal besser haben als sie. Der Umbruch in Ostdeutschland, der einer Auswanderung im eigenen Land gleichkam, brachte niemandem den Tod, auch nicht das, was unsere glücksuchenden Vorfahren unter Not verstanden. Und vielleicht versöhnt es ja auch diejenigen, die sich als Verlierer des Wandels verstehen, dass ihre Kinder nicht mehr unter den Giftschwaden dieser Stadt leben und in den verschlissenen Anlagen der Werke arbeiten müssen, dass sie nicht mehr zusehen müssen, wie ihre Kinder krank und die Gewässer zu Kloaken werden, wie sich der Moder durch die Gemäuer frisst, während die Parolen von der Herrschaft der Arbeiterklasse immer die gleichen bleiben.

In der Bitterfelder Fußgängerzone, einem armseligen Abklatsch der ohnehin trostlosen Einkaufsmeilen aller westdeutschen Kleinstädte, betreiben Vietnamesen Geschäfte mit billigen Textilien, Gemüse und einen Imbiss, vor dem mittags eine Schlange steht. Schon vor 1990 arbeiteten vietnamesische Vertragsarbeiter im Chemiekombinat, ein Teil von ihnen ist in Deutschland geblieben, andere sind nachgezogen. Ihre Kinder, erzählt Petra Wust, gehören zu den besten Abiturienten, die studieren hier, die werden was. Vielleicht bleiben sie ja sogar hier, in Bitterfeld-Wolfen.

Außer den vietnamesischen Geschäften liegt in der

Fußgängerzone das Eiscafé Sicilia, das, wie Petra Wust erzählt, schon in der DDR existierte. Ein Sizilianer hatte sich wohl in eine Bitterfelderin verliebt oder ein Bitterfelder in eine Sizilianerin, genau weiß sie es nicht. Neben dem Sicilia wirbt ein Schuhladen mit dem Namen ›Fußpilz‹ für Trendschuhe, daneben ein Internetcafé samt Geldspielgeräten namens ›Playtime‹, ein Buchladen, in dem auf einem Tisch im Eingangsbereich eine Buchserie liegt mit dem Titel ›Aufgewachsen in der DDR – Wir vom Jahrgang ...‹, in der zwischen 1942 und 1972 Geborene über ihre Kindheit und Jugend berichten, für jeden Jahrgang ein Buch.

Wo die Fußgängerzone in den Marktplatz mündet, stehen im Schaufenster eines Bekleidungsgeschäftes sieben oder acht bis zur Taille enthauptete Frauenkörper aus Gips als Werbeträger für blaue, weiße, kurze und lange Jeans. Der schön gepflasterte Marktplatz mit dem roten Backstein-Rathaus, der kleinen Fachwerk-Apotheke und der angrenzenden Kirche könnte ein Ort zum Verweilen sein, wäre er von Restaurants, Cafés und attraktiven Geschäften umgeben statt von Versicherungen, einer Fielmann-, einer Family-Filiale und einem Geschäft mit dem Namen ›Mäc Geiz‹. Die Laternen und die Bänke sehen aus, als wären sie für einen anderen Platz bestimmt gewesen als für diesen; Metallbänke mit Sitzflächen aus Gitternetzen, die Laternen weder modern noch historisch, und alles mit einer bedrängend blauen Farbe gestrichen, die offenbar von den Fensterrahmen des neuen, im Rücken des alten stehenden Rathauses übriggeblieben ist. Das neue Rathaus, ein Ziegelbau mit postmoderner gläserner Giebelverkleidung und eben jenen knallblauen Fensterumrahmungen, wurde Anfang der neunziger Jahre gebaut, weil sich mit der Einführung des bundesdeutschen Rechts der Verwaltungsapparat nahezu verdreifachte und das alte Rathaus zu eng wurde. Der damalige Baudezernent kam aus Bitterfelds Partnerstadt Marl. Marl liegt in Nordrhein-Westfalen. Das Rathaus entwarf ein Architekturbüro aus Düren, das liegt auch in Nordrhein-Westfalen. Auch die Baufirmen, die das Rathaus gebaut haben, kamen daher. Und somit ist diese architektonische Missgeburt ein Denkmal der deutschen Vereinigung, dessen Hässlichkeit man am wenigsten den Bitterfeldern anlasten kann, die damals den Niedergang ihrer Region erlebten und eigentlich ganz andere Sorgen hatten als ein zu kleines Rathaus. Dass der Ring von Einkaufsinseln rund um Bitterfeld das Leben in der Innenstadt von Anfang an ersticken musste, hätte aber jeder wissen können, vor allem aber die Berater aus dem Westen, die Erfahrungen mit urbanen Fehlentwicklungen dieser Art sicher schon hinter sich hatten. (Wenn ich hier die Dürener Architekten und nordrhein-westfälischen

Berater schmähe, muss ich das wunderbare Gebäude des Bitterfelder Berufsschulzentrums, entworfen von dem Stuttgarter Architekten Rainer Scholl, wenigstens erwähnen.)

Auf den riesigen freien Flächen zwischen Bitterfeld, Greppin, Wolfen und Holzweißig haben sich die üblichen Handelsketten von Schlecker bis ›Fressnapf‹ ausgebreitet und lassen dem Geschäftsleben in der Altstadt kaum eine Chance.

Die Fressnapf-Filiale, wo ich Futter für meinen Hund gekauft habe, ist so groß wie der Berliner Laden, den ich kenne, und bietet ebenso luxuriöse Spielzeuge, Leinen, Betten und Essgeschirre für Hunde an. Ich frage, ob sich denn in dieser Gegend, in der man einen Überfluss an Geld nicht vermutet, genügend Käufer fänden für die Leinen aus Elchleder, dick gepolsterten Schlafstätten und das lukullische Angebot an der Kekstheke. Mit Hunden mache er hier das beste Geschäft, sagt der Filialleiter, was mich freut, weil es entweder bedeutet, dass es den meisten Leuten hier bessergeht, als ich befürchtet habe, oder aber, dass ihre Hundeliebe, selbst wenn das Geld knapp ist, keinen Schaden nimmt.

Seit Anfang der neunziger Jahre wurde schon über eine Fusion von Bitterfeld und Wolfen gesprochen. Es gab einen Masterplan und andere Initiativen, die zunächst am Unwillen der beteiligten Gemeinden, an alten Rivalitäten und neuen Interessen scheiterten, bis eine allgemeine Gebietsreform, der Druck der ansässigen Unternehmen, die nicht mehr mit jeder Gemeinde gesondert verhandeln wollten, und die Entscheidung, dass weder Bitterfeld noch Wolfen, sondern Köthen die zukünftige Kreisstadt wird, die schwierige Verbindung erzwangen. Inzwischen aber hatten sich sowohl die Wolfener als auch die Bitterfelder ihr Spaßbad, ihre Sportstätten und Kultureinrichtungen gebaut und eben auch jenes neue Rathaus, das nun für die vereinigte Stadt schon wieder zu klein ist.

Ein neues Rathaus wird gebraucht, aber diesmal birgt die räumliche Not auch eine Chance, auf die Petra Wust und mit ihr viele Wolfener schon lange warten: die Rettung des Gebäudes 041, seit den dreißiger Jahren bis zum Untergang der Filmfabrik ihr Domizil für Forschung und Verwaltung, ein imposanter Rundbau, dem Hauptsitz der IG Farben des Architekten Hans Poelzig in Frankfurt nachempfunden. Seit dem Frühjahr 2008 gehört das Gebäude, zuvor Eigentum des Preiss-Daimler-Chemieparks, der Wohnungs- und Baugesellschaft Wolfen, die es an die Stadt Bitterfeld-Wolfen vermietet. Vierzehn Jahre stand das Haus leer. Alle Pläne, den gewaltigen denkmalgeschützten Bau zu nutzen und damit vor dem Verfall zu bewahren, waren gescheitert. Das Bundesumweltamt lehnte ab, das Landratsamt durfte nicht, weil nicht Bitterfeld, sondern Köthen zur Kreisstadt bestimmt wurde, als Rathaus für Wolfen war er zu groß.

Als ich das Haus 041 zum ersten Mal sah, stand es wie eine antike Ruine inmitten welken Gestrüpps, die Fenster und Türen mit Eisenplatten und Brettern verrammelt, eine dürftige und wohl auch verspätete Panzerung gegen rohe Zerstörungswut. Mit Kettensägen hätten sie darin gehaust, nachdem die Treuhand als letzte Bewohnerin das Haus verlassen hatte. Auf den Wegen um das Gebäude führen die Wolfener ihre Hunde spazieren. Die Rosenrabatten, die an den Rändern der ovalen Rasenfläche einmal die breite Zufahrt dekorierten, sind verwildert. Unter der Uhr im Portalaufbau der Vorderfassade, die seit irgendwann bei fünf nach elf steht, beharren vier blaue Buchstaben unter dem Staub von zwanzig Jahren auf vergangenem Ruhm: ORWO. Im Sommer wuchern auf den Brachen rundum mannshohe Königskerzen, die als Heilpflanze gegen Erkrankungen der Atemwege gelten. Ich weiß, dass Königskerzen auf Schuttplätzen besonders gut wachsen; aber der Gedanke, die Natur sende dort, wo das Krankmachende erzeugt wurde, das Heilmittel gleich hinterher, gefällt mir zu gut, als dass ich ihn einer simplen Allerweltserklärung opfern möchte.

Inzwischen umgibt ein Bauzaun das Areal um

A 9. Abfahrt Bitterfeld-Wolfen/Solar Valley

Haus 041. Die Baugenehmigung wurde erteilt. Seitdem geistert das Wort Vision durch Bitterfeld-Wolfen, denn die hundertachtzig Angestellten der Stadt, die hier 2010 einziehen sollen, sind gewissermaßen nur die Pioniere der Nutzung von 041, die Vorhut von anderen, aber von wem?

Im Internet finde ich das Protokoll des 4. Netzstadtforums Bitterfeld-Wolfen im Juli 2008, das der Zukunft der Stadt und auch der Revitalisierung von Wolfens größtem und repräsentativstem Baudenkmal galt, dem Gebäude 041, und dessen würdiger Nutzung, für die, wie die Teilnehmer einhellig befanden, eine Vision nötig sei. Die Vision von einer Vision hatte offenbar alle Diskutanten ergriffen.

Was ist die Vision, das Leitbild für diesen Bereich, fragte Herr S.

Es muss eine Vision entwickelt werden, um die Ideen voranzubringen und eine kritische Debatte auszulösen, sagte Herr H.

Nicht einzig und allein das Aussprechen einer Vision ist die Lösung des Problems, sagte Herr L.

Die Entwicklung von Visionen sei unverzichtbar, um Anreize zu setzen und Maßnahmen zu planen und umzusetzen, sagte Frau L.

Herr Kr. sagte, eine Vision zeichne sich dadurch aus, dass man zum Zeitpunkt ihrer Formulierung noch nicht wisse, wie man dahin komme.

Und dann sagte Herr K., dass ein Teil der Vision doch schon verwirklicht worden sei, nämlich die Netzstadt, also der Zusammenschluss zur Stadt Bitterfeld-Wolfen, und dass der andere Teil der Vision Solar Valley sei.

Zu einer Vision für das Gebäude 041 und die ganze Stadt gehört die Solarindustrie, darauf konnten sich alle einigen. Schließlich hätten sie einen Weltkonzern vor der Tür und wüssten dieses Potential nicht zu nutzen.

Ein Platz für Wissenschaft und industrieorientierte Forschung solle hier entstehen, ist im Schlusswort des Forums zu lesen, ein Ort, der international konkurrieren und mit dem Bitterfeld-Wolfen der Aufstieg in eine höhere Liga der Standorte gelingen könne. Dafür brauche man die Kooperation mit den ansässigen weltweit agierenden Unternehmen von Solar Valley, der Glasindustrie, des Folienwerks und anderen, vor allem aber »eine klar formulierte und anspruchsvolle Vorstellung (Vision)«.

Wenn das gelänge, wenn die Revitalisierung von 041 zugleich der Stadt Bitterfeld-Wolfen zu einer Anziehungskraft verhelfen könnte, die ihre Nachteile gegenüber den Großstädten und den reizvollen Landschaften vergessen lässt, dann siedelten sich die einen oder anderen vielleicht doch hier an, so wie vor hundert Jahren die Abgesandten der Agfa aus Berlin hierher kamen und das Achthundertseelendorf Wolfen zu einem weltweit bekannten Ort der Filmherstellung machten. Die größere und realistische Hoffnung aber richtet sich wohl auf die hier Geborenen, die mit dieser Gegend Kindheit, Jugend und Familie verbinden, die in Halle studieren, wo Q-Cells eine Professur für Photovoltaik finanziert, oder an der Fachhochschule Köthen, mit denen Q-Cells kooperiert.

Es gibt auch schon einzelne Rückkehrer, sagt Petra Wust und erzählt von einer jungen Frau, die in Köthen Betriebswirtschaft studiert hat, dann, weil sie keine Arbeit fand, nach Frankfurt am Main zog und nun, nach acht oder neun Jahren, bei Q-Cells arbeitet. Wenn sie Arbeit finden, kommen sie vielleicht auch zurück, sagt Petra Wust, manche haben ja Heimweh.

Wir sitzen im Restaurant vom ›Deutschen Haus‹ in Wolfen, wo ich Quartier bezogen habe, weil es hier einen Gastraum für Raucher gibt und auch Hunde willkommen sind. Außer mir übernachten im ›Deutschen Haus‹ nur Männer, Monteure aus allen Himmelsrichtungen, wie man auch an den Autokennzeichen auf dem Parkplatz des Hotels erkennen kann, Männer, die abends nach einem kräftigen Abendessen und ein paar Gläsern Bier zu Bett gehen, morgens früh aufstehen und an den Wochenenden nach Hause fahren und deren Genügsamkeit offenbar der Komfort des Hauses, das von einer Westberliner Familie geführt wird, entspricht. Die Zimmer sind klein und verwinkelt, mit einer rätselhaften Farbgestaltung und dürftigem Mobiliar, wofür man allerdings durch herzerwärmende Freundlichkeit und Fürsorge aller hier Beschäftigten entschädigt wird. Eines Morgens, als ich im Raucherraum frühstückte und der angrenzende, nur durch eine Schiebetür abgetrennte Raum gereinigt werden sollte, fragte die junge Frau, die mit dieser Aufgabe betraut war, ob der Staubsauger den Hund störe. Auch wenn die Umsicht vielleicht eher den anderen Gästen als meinem meinungsfreudigen und mitteilsamen Hund galt, war die Frage so rührend taktvoll, dass sie mir hier als Beispiel für die Sitten im ›Deutschen Haus‹ dienen soll.

An einem anderen Morgen tagte im Raucherraum eine Gruppe, die sich offensichtlich zur Arbeit zusammengefunden hatte. An der Tür zum Nebenzimmer waren Diagramme befestigt, auf denen grüne Pfeile rotumrandete und beschriftete Wölkchen miteinander verbanden, darüber groß: Vorwerk Bezirk Dessau. Ich wollte mich gleich zurückziehen, wurde aber nachdrücklich zum Bleiben aufgefordert und wurde so Zeugin einer Schulung für Staubsaugervertreter. Eine junge Frau sollte den ersten Kontakt proben: dong dong, guten Tag, ich bin … Man darf nicht zu weit in die Wohnung eindringen, das wirkt aggressiv. Noch einmal: dong dong, guten Tag ich bin ... Ja, so war es schon besser, aber das Vorführen war noch nicht perfekt, noch einmal: dong dong, guten Tag ... Mir ist meine Zeugenschaft peinlich, aber ein angehender Staubsaugervertreter darf Peinlichkeit nicht kennen, darum war meine Anwesenheit wohl gerade erwünscht. Die Männer und Frauen an dem langen Tisch sind in unterschiedlichem Alter und kommen aus verschiedenen Berufen, jetzt jedenfalls sind sie arbeitslos oder wollen etwas dazuverdienen. Sie sind aufmerksam, auch amüsiert oder doch geniert, kichern hin und wieder. Der Mann, der sie in die Geheimnisse ihrer neuen Tätigkeit einweist, kommt, wie sein Dialekt verrät, auch aus dieser Gegend, hat die Lektion aber schon vor längerer Zeit gelernt. Konzentriere dich auf den Erfolg, und der Erfolg konzentriert sich auf dich, steht auf einem der Vorwerk-Diagramme.

Vor dem Verwaltungsgebäude in der Guardianstraße senden weiße Fahnen mit der blauen Aufschrift Q-Cells die Botschaft von reiner Luft und blauem Himmel. Die Eingangshalle mit der Glasfront zur Werkstraße wirkt großzügig und klar; der schwarze Fußboden aus geschliffenem Asphalt, fünf große Kübel mit Grünpflanzen, vor der Tür ein blassblauer Teppich mit großem eingewebtem Q, an den weißen Wänden Schaukästen mit Solarzellen, deren Bezeichnungen Q8 TT3, Q6L TT und Q6L M nur Eingeweihten etwas bedeuten. Im Vergleich mit dem Gebäude 041 ein bescheidener Bau, kein in Stein gemauerter Bedeutungsanspruch, sondern ein Ort zum Arbeiten, der Transparenz und Modernität signalisiert, in seiner Leichtigkeit aber zugleich den Verdacht aufkommen lässt, das sei nicht für die Ewigkeit gebaut. Die Unternehmen einer global agierenden Wirtschaft werden vermutlich keine Baudenkmale hinter-

Grube Johannes (Silbersee). Wolfen
Mit Schaumstoff gefüllte grüne Plastikbeutel,
auf denen sich biologischer Rasen ansiedeln soll.

Betreten verboten !
Zuwiderhandlungen werden bestraft

lassen. Ihre Hallen und Häuser werden in Monaten gebaut, nicht in Jahren, sie müssen auf schnelles Wachstum reagieren können und auf Flauten. Sie müssen Standorte aufgeben können und sie irgendwo in der Welt wieder begründen.

Andreas Hierholzer war betrübt, dass ausgerechnet seine Gebäude mich auf solche Gedanken brachten. Natürlich müssen Industriegebäude zuerst der Bestimmung dienen, für die sie gebaut werden, sagt Andreas. Das größte Kompliment für die Architektur sei aber, wenn sie hundert Jahre später auch als etwas ganz anderes genutzt werden könne, als Wohnraum oder Museum, als Theater- oder Konzertsaal, so wie wir alte Fabrikgebäude, Brauereien und Wassertürme ja auch umfunktioniert hätten. Und das sei, trotz der begrenzten Mittel, auch sein Ideal. Die großen Flächen für die technischen Anlagen plant er möglichst sparsam, um die Sondergebäude, in denen um bepflanzte Innenhöfe herum Kantinen, Büros und dergleichen untergebracht sind, komfortabler auszustatten, wie die Klinkerfassade von CSG zum Beispiel. Sicher würde er gern öfter mit einem Material arbeiten, das historisch zur Industriearchitektur gehört, aber heute sind eben nicht mehr Klinker das günstigste Material wie vor hundert Jahren, sondern Beton und Blech, woraus seine Gebäude gebaut sind. Die seien stabil, von handwerklich hoher Qualität, und natürlich sollten sie, ihrem Zweck entsprechend, schön sein. Und schön sind die in verschiedenen Grautönen gehaltenen, einander geschwisterlich ähnlichen Bauten der Q-Cells-Familie. Die Anordnung der Hallen auf dem weiträumigen Gelände schafft zugleich einen Raum, in dem sich zukünftig das soziale Leben der Mitarbeiter von Q-Cells, CSG Solar, Ever-Q, das inzwischen Sovello heißt, von Calyxo und Sontor organisieren kann, zwischen schattigen Plätzen und Nischen, an einem menschenfreundlichen Ort. Und wie bei allen, die in den glücklichen Gründerjahren von Q-Cells schon dabei waren, mischt sich auch in Andreas' Stimme etwas Schwärmerisches, wenn er von dieser Zeit spricht, als sie noch alle gemeinsam das Richtige tun wollten, wozu eben auch die ästhetische Präsenz ihres Unternehmens gehörte.

In der Besucherecke, wo ich darauf warte, abgeholt zu werden, liegen auf einem Chromtisch mit geätzter Glasplatte dekorativ gefächert quadratische Broschüren, in denen mitgeteilt wird, dass Q-Cells ständig auf der Suche nach Mitarbeitern, insbesondere nach Schichtleitern ist, dass Q-Cells Abschluss- und Diplomarbeiten fördert, Plätze an Werkstudenten vergibt, die Einführung eines dualen Studienganges plant und dass 2007 ein Ausbildungszentrum eingeweiht wurde, in dem inzwischen hundertfünfzig Schulabgänger ihre Berufe erlernen, in denen sie bei Q-Cells arbeiten werden.

Durch die weniger informativen Textpassagen dröhnt der Sound einer Werbeagentur: *Wir verantworten Zukunft. Wir leben Fortschritt. Wir schaffen Erfolg. Du machst Q-Cells. – Daran glauben wir. Dafür stehen wir. So sind wir.* Das klingt ein bißchen wie *Du bist Deutschland* und *Be Berlin.* »Scheiß auf den Kommerz. Lass uns was Richtiges machen«, hieß das bei Reiner Lemoine. Was für ein Satz! Wird uns das suggestiv-militante Deutsch der Werbeagenturen eigentlich zugemutet, weil wir dafür tatsächlich empfänglich sind? Reicht es uns nicht aus, wenn wir über die Erfolge und Leistungen eines Unternehmens, einer Stadt oder einer Regierung informiert werden, wenn wir erfahren, was Q-Cells für die Ausbildung und Gesundheit seiner Mitarbeiter tut, dass es einen hauseigenen Kindergarten einrichtet, einen kostenfreien Shuttleservice zwischen Bahnhof und Werk unterhält und dass es sogar eine Q-Cells-Band gibt? Beeindrucken uns die benennbaren Leistungen weniger, wenn sie nicht durch markige Slogans auf Hochglanzpapier verstärkt werden? Oder will uns eine Branche von ihrer Unentbehrlichkeit überzeugen, indem sie uns taub trommelt für eine glaubwürdige Sprache und unempfindlich macht für falsche Töne. Manager und Politiker lassen sich coachen, um so zu erscheinen, wie sie nicht sind,

Altersheime werden in Residenzen und Arbeitssuchende in Kunden umgetauft, was vermutlich auch Erfindungen von Werbeagenturen sind, als würden die verschleiernden Namen die Wirklichkeit verändern. Wir wissen, dass wir der Werbung für die Wunderwirkung von Zahnpasta oder Haarwuchsmitteln nicht trauen dürfen, wir wissen, dass nicht jedes zweite Buch ein Meisterwerk sein kann, wir wissen auch, dass Menschen Eigenarten und Schwächen haben, aber würden wir einen Herbert Wehner noch hinnehmen, oder würden wir ihn auch zum Coaching schicken, so wie wir verlangt haben, dass Angela Merkel sich umstylen lässt? Was ist mit uns los, dass sogar Q-Cells mit seiner begeisternden Geschichte glaubt, sie uns in dieser hybriden Sprache preisen zu müssen?

Von der Eingangshalle führen zwei Türen zu den Treppen in die oberen Etagen, wo auch Anton Milner und die anderen Vorstände residieren. Ursprünglich hatte der Architekt Andreas Hierholzer das sechste Geschoss für den Vorstand geplant, was Anton Milner aber sowohl wegen der Symbolik als auch wegen des hinderlichen Abstands zu den Technologen und zur Produktion widerstrebte. Das tut ihm inzwischen vielleicht ein bißchen leid, sagt Andreas, da oben sind wirklich die schönsten Räume und man hat den schönsten Blick.

Durch eine dritte Tür im Foyer gelangt man in den Produktionsbereich, die Linien eins bis vier. Uwe Schmorl reicht mir von einem Stapel ein paar blaue Plastiküberzieher für meine Schuhe. Über eine bankähnliche Barriere kann man sitzend seine Beine vom Vorraum in den Raum schwenken, der mit Straßenschuhen nicht mehr betreten werden darf. Noch eine Tür, und wir stehen in der Anlage unter gleißendem Licht, das von dem spiegelblanken gelben Fußbodenbelag reflektiert wird, dass es in den Augen blendet. Ein dumpfes Surren hängt im Raum, hier und da übertönt von matten Schleifgeräuschen. Eingehegt in eine sich durch und über den Raum windende Glasverkleidung, wie in einem gigantischen, sonderbar geformten Aquarium, transportiert ein Carrier die rohen Wafer – das sind millimeterdicke quadratische Scheiben aus kristallinem Silicium – von der ersten Bruchkontrolle über die Waage zur Nassbank 1, wo sie in Fluss- und Salpetersäure geätzt, danach in Kali- und Salzlauge neutralisiert werden. Der menschengroße Roboter in seinem Glaskäfig funktioniert wie ein Rangierbahnhof, sagt Uwe Schmorl, er setzt die Wafer, wenn sie aus der Phosphordiffusion kommen, wieder in den Carrier, der sie zu den nächsten Arbeitsgängen transportiert. Als der Roboter montiert wurde und noch nicht perfekt programmiert war, hätte er die Wafer wild durch die Luft geschmissen wie ein ungezogenes Kind. In der Phosphorylchlorid-Anlage, kurz POCL, wird eine Phosphorschicht aufgetragen, das dabei entstehende Phosphorglas in der Nassbank 2 mittels Flusssäure wieder runtergeätzt, anschließend wird in einer Anlage, die Sina heißt, eine Antireflexionsschicht aus Siliciumnitrit aufgedampft. Für diesen Vorgang wird die Linie wegen des Lärms, den Sina erzeugt, in einen Nebenraum umgeleitet. Danach werden die Wafer zur Qualitätskontrolle fotografiert, Fehlexemplare werden aussortiert. Das ist die letzte Station, an der Fehler korrigiert und falsche Wafer wieder in Rohwafer verwandelt werden können.

Die Siebdruckanlage und den Rest solle mir Kendy erklären, sagt Uwe Schmorl. Kendy sei sein Produktionsassistent, er selbst müsse kurz zu einer Besprechung.

An der Siebdruckanlage wird der Wafer mit einer Silberpaste bedruckt, die den Strom von der Zelle ableitet, erklärt mir Kendy. Vorher wird der Wafer fotografiert, damit der Drucker seine Position richtig erkennt. Sehen Sie, wie er sich den Wafer zurechtrückt? Nach jedem Fotoblitz korrigiert der Drucker die Lage des Wafers um Millimeter. Über einen Monitor oberhalb der Anlage laufen grüne Punkte in vier Reihen, jeder ein makelloser Wafer, fehlerhafte leuchten rot.

Und dann frage ich Kendy doch nach seinem Na-

An der Goitzsche

men. Er heiße ja Bonbon, sage ich. Der schreibt sich bloß anders, sagt Kendy und zeigt auf sein Namensschild am weißen Kittel: Kendy Reinhardt. Damals sei so eine Fernsehserie gelaufen, hätte seine Mutter gesagt. Kendy ist sechsunddreißig; als die Mauer fiel, war er siebzehn. Er hat im Chemiekombinat gelernt und ist danach als Montagearbeiter nach Mannheim gependelt. Hier gab es ja nichts, sagt er. Bei Q-Cells arbeitet er seit 2004, seine Q-Cells-Nummer ist vierhundertsiebenundsechzig.

Nach der Siebdruckanlage führt die Strecke in den Trockner, bevor der Wafer über eine hamsterradähnliche Vorrichtung gewendet wird, damit nun seine Rückseite präpariert werden kann. Zuerst werden zwei gelbe Streifen aus einer Silberaluminium-Paste aufgetragen, an denen die Wafer später verlötet werden können, anschließend wird auf die gesamte Rückseite Aluminiumpaste gebrannt, wobei nur die gelben Streifen ausgespart bleiben. Während Kendy erklärt, wie unter einem Laser das elektrische Feld auf dem Wafer in Plus- und Minuspol getrennt wird, damit es keinen Kurzschluss geben kann, merke ich, dass meine Aufnahmefähigkeit für all diese mir letztlich unverständlichen Prozesse allmählich erschöpft ist. Mir kommt das ganze ruckende, zuckende, blitzende, schleifende Geschehen hinter der Glasverkleidung vor wie ein einziger großer Organismus, etwas Lebendiges, das, wie unser Körper, in jeder Sekunde das Richtige tut, ohne darüber nachdenken zu müssen.

Jetzt stehen wir am Zelltester, denn inzwischen ist aus dem Wafer eine Solarzelle geworden. Hier werden die Zellen nach ihrer Qualität klassifiziert, indem Licht auf die Zelle geworfen und der Strom, der dabei entsteht, gemessen wird. Denn die schlechteste Zelle, sagt Kendy, bestimmt den Wirkungsgrad des gesamten Moduls.

Und das alles, dieses für einen Laien wie mich unbegreifliche Ineinander und Nacheinander physikalischer, chemischer und elektronischer Mirakel, das alles, denke ich, hat Dagmar gemacht. Dagmar Vogt, die Ingenieurin, ohne die Reiner Lemoine und Anton Milner wahrscheinlich nie zueinander gefunden hätten und das ganze große Q-Cells-Projekt vielleicht sogar gescheitert wäre. Dagmar kommt aus Ostfriesland, und die Landschaft ihrer Kindheit und Jugend haftet ihr an. Alles an ihr ist hell, die Haare, die Haut, die Stimme, die Augen; auch die kompakte Energie, die von ihr ausgeht, verankert sie selbst in ihrer ostfriesischen Kindheit.

Wir wurden erzogen, das Leben zu lieben, sagt sie. Der Vater war Elektromeister beim Kraftwerksanlagenbau Siemens, die Mutter blieb nach der Geburt von Dagmars Schwester zu Hause. Wir waren nie vermögend, und wir waren nie arm, sagt Dagmar. Wir hatten kein eigenes Haus, dafür ein Boot. Zwei Jahre hat die Familie gebraucht, um aus dem Gerippe, das der Vater gekauft hatte, ein fahrtüchtiges, sieben Meter langes Boot zu bauen, auf dem fortan alle Sommer verbracht wurden. Die Krabben zum Frühstück fingen die Schwestern morgens im Meer.

Ihren Vater begleitete sie hin und wieder in Kraftwerke und Umspannwerke, mädchenhafte Angst vor Technik blieb ihr erspart. Dagmar war Leistungssportlerin, ihre Spezialstrecke waren die achthundert Meter. Mit siebzehn musste sie wegen einer Verletzung den Sport aufgeben.

Ich brauchte eine neue Leidenschaft, sagt sie.

Sie kaufte für vierhundert Mark ein Motorrad, nahm es komplett auseinander und baute es wieder zusammen. So girlymäßig, mit Starpostern an den Wänden sei sie nie gewesen. Als sie vierzehn war, kam Greenpeace nach Deutschland. Zwischen dem »CDU- und atomenergielastigen Vater«, wie Dagmar es nennt, und ihrer sozial empfindenden Mutter, zwischen der rechten Schülervertretung und der Roten Zelle an ihrer Schule suchte sie ihren Platz und entschied sich für Grün. Sie studierte Chemietechnik und Biotechnologie, ging nach Berlin und machte sich selbständig. In einem Netzwerk von vier Ingenieuren und mit einer Angestellten arbeitete sie an der Restaurierung von Klärwerken, ehe es 1998 zum ersten Kontakt mit den Kreuzberger Solarenthusiasten um Reiner Lemoine kam, für die Dagmar die schon erwähnte Konzeptstudie erstellte und Lemoines Traum von einer Berliner Solarzellenfabrik damit zunichte machte. Das eher zufällige Zusammentreffen mit Lemoine, Feist und Grunow veränderte Dagmars Leben. Sie konzentrierte sich auf die Solartechnik, gründete 2002 das Ingenieurbüro Vogt, kurz IB Vogt, anfangs mit vier Mitarbeitern, und plante die erste Fertigungslinie für Q-Cells. Mit Q-Cells wuchs auch das Ingenieurbüro Vogt, das inzwischen einhundertdreiundsiebzig Mitarbeiter aus fünfzehn Nationen beschäftigt, Niederlassungen in Spanien und England gegründet hat und für die internationale Solarbranche Fabriken von der Konzeptstudie bis zum Produktionsstart plant und einrichtet. Die Büros in der IB-Vogt-Etage hinter den roten Klinkern eines Charlottenburger Gewerbebaus sind geräumig und hell, die Wände weiß, die Stühle gelb, türkis oder in mattem Orange. An den Wänden hängen Bilder einer russischen Künstlerin in lebhaftem Rot. Das ist gut für die Dynamik, erklärt Dagmar. Alle Räume seien nach den Prinzipien des Feng Shui eingerichtet, und das sei gut für die Harmonie. Mir fallen die vielen Saftflaschen auf, die fast überall auf den Tischen stehen. Kaffee, Saft und Milch gibt es umsonst, erfahre ich. Fast die Hälfte der Mitarbeiter sind Frauen; der übliche Anteil von Frauen in Ingenieurbüros liegt zwischen fünf und zehn Prozent. 2006 wurde Dagmar Vogt zur mutigsten Unternehmerin Deutschlands gekürt und 2008 zur besten Unternehmerin Berlins.

Wie sie mit diesem schnellen Wandel von einer Einzelkämpferin zur erfolgreichen und geehrten Unternehmerin zurechtgekommen sei, frage ich.

Vor allem hätte sie sich daran gewöhnen müssen, dass sie nicht mehr nur sich selbst repräsentiert, sondern ein Unternehmen und seine Mitarbeiter, die auf ihre Firma stolz sind oder nicht, die morgens gern in die IB-Vogt-Etage kommen oder nicht, dass eine Fehlentscheidung von ihr nicht, wie früher, nur Folgen für sie selbst, sondern für alle hätte. Dagmar sitzt im Schneidersitz auf dem Sofa und erzählt von der Weiterbildung der Mitarbeiter, von den Müttern, die manchmal auch, wenn es nicht anders geht, die Kinder mit ins Büro bringen. Sie erzählt von der Stiftung »Licht für Bildung«, an der sich auch ihre Firma beteiligt und die in Äthiopien, wo es um sechs Uhr abends schon dunkel ist, Dörfer mit Solarstrom ausrüstet, damit die Kinder am Abend noch lernen können und das Leben ihrer Eltern leichter wird. Außerdem unterstütze IB-Vogt den Verein Straßenkinder e.V. in Berlin, und in Bitterfeld-Wolfen, wo der Aufstieg ihrer Firma begonnen hat, förderten sie den Sportverein Grün-Weiß Wolfen. Wer erfolgreich ist, sagt

Dagmar, muss der Gesellschaft auch etwas zurückgeben. Mit siebzehn sei sie einfach idealistisch gewesen, und heute versuche sie, ihre Ideale mit dem wirklichen Leben in Einklang zu bringen.

Wenn Dagmar Vogt von ihrer Rolle als Unternehmerin spricht, tastet sie zuweilen unsicher nach den angemessenen Wörtern, als sei ihr der Gebrauch so großer Begriffe wie Vorbildfunktion und gesellschaftliche Verantwortung noch nicht ganz geheuer.

Wir sprechen auch über Q-Cells, den Anfang und was daraus geworden ist, was gewonnen und was verloren wurde. Nicht nur für Uwe Schmorl, auch für die Zuarbeiter wie Dagmar Vogt und Andreas Hierholzer, deren Firmen mit Q-Cells gewachsen sind und Q-Cells mit ihnen, ist die Zeit ohne die Hierarchien eines normalen Konzerns inzwischen eine wehmütige Erinnerung; die Zeit, als der Architekt seine Pläne noch mit den Gründern besprach und nicht mit ihren Abgesandten, als es nicht nur um das billigste Gebäude ging, sondern auch um das architektonische Gesicht von Q-Cells, als Konflikte noch unter Gleichberechtigten ausgetragen wurden, als sie noch alle gemeinsam das Richtige machen wollten.

Wir schweigen eine Weile, zwischen uns schwebt ein Warum, auf das sich hundert Antworten finden lassen oder keine. Warum ist unser Leben so eingerichtet, dass eine beglückende Arbeit, gerade weil sie

Alter Wasserturm im Chemiepark. Wolfen

erfolgreich ist, eben das verliert, was uns glücklich gemacht hat?

Jedes Unternehmen verliert mit dem Börsengang seine Seele, sagt Dagmar, weil es von da an um die Interessen von Leuten geht, für die das Unternehmen nicht mehr bedeutet als Geld.

Sie sieht mich an aus ihren blauen ostfriesischen Augen, sachlich, klaglos; das ist so, sagt dieser Blick, so ist das eben.

Das war im Sommer; inzwischen ist es Herbst und die Welt wird von einer Finanzkrise geschüttelt, der schlimmsten seit 1929, heißt es. Zeitungen, Radio- und Fernsehsender unterrichten uns Tag und Nacht über das Wechselfieber an den internationalen Börsen, es steigt, es sinkt, der Patient ist kurz vor dem Kollaps, er erholt sich, erleidet einen Rückfall, erholt sich hoffentlich wieder. In wenigen Tagen hat die Q-Cells-Aktie die Hälfte ihres Werts verloren. Seit Jahren musste sich eigentlich jeder fragen, wohin das globale Eigenleben der Wirtschaft, die hektische Erdumkreisung virtueller Geldmengen führen und wie ein globaler Markt ohne globale Regeln funktionieren soll, ohne alles zu ruinieren, was uns außer unserem Wohlstand das Leben mit Sinn erfüllt: Familie, Freunde, Kinder, Liebe, Kunst, Landschaften – alles scheint zum Spielzeug einer größenwahnsinnigen Finanzwelt zu werden. Ein Teil dieser Welt und ihrer Gesetze ist auch Q-Cells.

Reiner wäre darüber extrem unglücklich, sagt Clemens Triebel, und Uwe Schmorl sagt, der würde leiden wie ein Hund.

Reiner hätte gelitten, sagt Anton, aber er hätte es trotzdem verstanden.

Ich frage Anton Milner, ob es denkbar wäre, dass Q-Cells den Standort Bitterfeld-Wolfen einmal aufgeben würde, so wie Nokia Bochum aufgegeben hat. (Nokia hatten wir hier zigmal, hat Petra Wust gesagt, kein Mensch hat sich darüber aufgeregt.) Nein, sagt Anton, das sei nicht möglich. Bitterfeld-Wolfen sei der Stammsitz von Q-Cells, so wie Nokias Stammsitz Finnland ist. Hier, in Thalheim, hat Q-Cells sein Forschungszentrum und bildet einen unersetzbaren Mitarbeiterstamm aus. Aber man wird Werke in anderen Ländern bauen, derzeit in Malaysia und Mexiko, sagt Anton und klärt mich auf über die Standortvorteile von Entwicklungsländern, die vor allem in niedrigen Löhnen liegen, und denen von Bitterfeld-Wolfen, das eine bessere Ausbildung der Mitarbeiter zu bieten hat, eine höhere Produktivität und eine moderne Infrastruktur, obwohl gerade die Infrastruktur die Achillesferse der Region ist. Anton spricht leise mit seinem englischen Akzent, und ich versuche zu verstehen, was es mit dem Standortmarketing, der Standortidentität und den Zukunftskonzepten auf sich hat.

Die Region bleibe hinter der Wirtschaft zurück, sagt Anton.

Es sind die gleichen Fragen, die Petra Wust umtreiben und die das Netzstadtforum die magische Kraft einer Vision beschwören lassen: Wie belebt man eine Region intellektuell? Wie knüpft man ein soziologisches Gespinst, das auch die Absolventen der westdeutschen Universitäten anlockt?

Als die Agfa nach Wolfen zog, hat sie den Lebensraum für ihre Mitarbeiter erst selbst geschaffen. Sie hat attraktive Wohnsiedlungen für Arbeiter und Angestellte gebaut, eine Poliklinik, ein Krankenhaus, ein Schwimmbad, Ferienheime und Kaufhäuser, auf Betreiben der Ehefrau eines Direktors sogar ein Theater.

So etwas erlaubt der Kapitalmarkt heute nicht mehr, sagt Milner, vielleicht könne Q-Cells in ein Hotel investieren oder anderes, was auch der Firma nutzt.

Ich muss es glauben, auch wenn ich es nicht verstehe, denn auch die Agfa hat gewiss nicht nur aus Nächstenliebe ihr Geld verbaut, sondern weil sie die besten Wissenschaftler, Ingenieure und Arbeiter in ein gottverlassenes Nest locken wollte. Wohnungen,

Krankenhäuser und Schwimmbäder werden heute nicht gebraucht, die gibt es. Aber es fehlt alles, was eine Stadt mehr anzubieten hätte als die blanke Nützlichkeit. Das atmosphärische Defizit wird weder durch das rege Vereinsleben aufgewogen, noch wird es allein durch Investitionen zu beheben sein. Bitterfeld-Wolfen fehlen die Bevölkerungsschichten, die seit 1945 immer wieder abgewandert sind und nun nicht wieder zuwandern, eben weil es an allem mangelt, was diese Schicht zum Leben brauchte, was sich ohne sie aber kaum entwickeln kann.

Q-Cells muss vorerst auf die eigene Anziehungskraft vertrauen, sagt Anton Milner, auf die Entwicklung der Technologien, nicht nur von Solarzellen, die können die Chinesen bald ebenso gut und billiger produzieren, sondern von ganzen Photovoltaikanlagen. Bitterfeld-Wolfen soll ein Zentrum der Photovoltaik werden, nicht nur ein Fertigungsstandort. Die Solarenergie werde die Energiequelle der Zukunft sein, auch wenn sie bis jetzt nur 0,1 Prozent des Bedarfs decke, aber in zwanzig bis vierzig Jahren würden es dreißig Prozent sein und in hundert Jahren sechzig Prozent. Eineinhalb Milliarden Menschen lebten heute noch ohne Strom. Anton redet mit einem visionären Lächeln auf mich ein, als wäre ich ein Investor oder ein milliardenschwerer Käufer seiner Anlagen. Alles, was wir tun, sagt er, unser Wachstum, die

Forschung, die Firmenkultur, alles dient nur einem Zweck: Energie für die Welt. Er lehnt sich zurück, immer noch lächelnd, jetzt eher zufrieden, und dann, als müsse er die rhetorische Leidenschaft der letzten Minuten begründen, sagt er: Eine altruistische Motivation ist doch viel schöner als die kommerzielle. – Wie auch immer: Anton Milner ist ein weitsichtiger und erfolgsorientierter Geschäftsmann, ohne den Q-Cells heute wahrscheinlich kein Weltkonzern wäre und das Areal zwischen der Autobahn und Thalheim nicht Solar Valley hieße. Vielleicht wäre Q-Cells dann geblieben, was Reiner Lemoine, Holger Feist und Paul Grunow sich vorgestellt haben, als sie beschlossen, eine Solarzellenfabrik zu gründen: ein kleines Unternehmen mit vierzig, eines Tages vielleicht hundert Mitarbeitern, wo jeder jeden kennt und alle mit gleicher Leidenschaft an der gleichen Sache arbeiten, ein bißchen wie bei Wuseltronik und während der ersten Jahre von Q-Cells, als Anton noch jeden neuen Mitarbeiter selbst eingestellt hat und an jedem Freitag, nachdem er sein Büro abgeschlossen hatte, nachts durch die Anlage ging, als sie noch wie eine Familie waren, wie Schmorli sagt, als Reiner noch lebte und Holger Feist und Paul Grunow noch dabei waren.

Bis zum Herbst 2007 ist Holger Feist zwischen Berlin und Thalheim gependelt, in den letzten Jahren nur noch für zwanzig Stunden die Woche. Da hätte er ohnehin nur noch als normaler Technologe gearbeitet, sagt er. Als dann sein viertes Kind geboren wurde, gab er die Arbeit bei Q-Cells auf und gründete ein eigenes Büro in Berlin. Wir sitzen in einem Café in Kreuzberg, Thalheim ist fern, und Holger Feist gehört offensichtlich nicht zu den Menschen, die gern über sich Auskunft geben. Immerhin erfahre ich, dass ein Konzern mit seinem Wachstumsstreben nicht seine Sache war und dass er nun Projekte der Photovoltaik berät und unterstützt, bis sie den Grad öffentlicher Förderungswürdigkeit erreicht haben. Die hätten oft nicht einmal die Mittel, um einen Raum zu mieten, in dem sie arbeiten können, sagt er. Wie alle, die Q-Cells gegründet und aufgebaut haben, ist Holger Feist durch den Börsengang von Q-Cells wohlhabender geworden, als er es für sein Leben wohl erwartet hätte. Dieses Geld, wenigstens einen Teil davon, benutzt er, um das voranzutreiben, womit er es auch erworben hat: die Solartechnik. Wir wollten doch das Richtige tun, sagt er, was eher verlegen als pathetisch klingt. Natürlich sprechen auch wir über Reiner Lemoine, der ein Jahr, bevor Holger Feist Q-Cells verlassen hat, gestorben ist. Feist erzählt mir die Geschichte mit dem Zaun, die ich später noch öfter gehört habe: Eines Tages, als Q-Cells sich zu einem ernsthaften Konkurrenten auf dem Weltmarkt ausgewachsen hatte, kam der Gedanke auf, das Werkgelände durch einen Zaun vor unerwünschten Eindringlingen zu schützen, ein Plan, der allem widersprach, was sich Reiner Lemoine mit seinem sensiblen sozialen Gespür wünschte. Das Werk sollte ein Teil der Region sein, frei zugänglich und zu besichtigen für jedermann, und nicht ein aus dem Westen zugezogener Fremdkörper, der hier abgeschirmt und eingezäunt ein geheimnisvolles Eigenleben führte. An den Streit erinnern sich alle, vermutlich, weil es um mehr ging als den Zaun, der nur ein Symbol war für alles, was mit Q-Cells' Aufstieg zum Weltkonzern verbunden war. Heute umgibt das Gelände nicht nur ein Zaun. An allen Zufahrten stehen Wachmänner, die niemanden passieren lassen, der nicht zum Werk gehört oder angemeldet ist. Das ist normal für ein Unternehmen wie Q-Cells, aber nicht für eine Welt, von der Reiner Lemoine geträumt hat, in der Arbeit und Leben zusammengehören und eine Solarfabrik, die für die Zukunft der Menschheit produziert, die Menschen in ihrer Nachbarschaft für sich begeistern sollte, statt sie auszusperren.

Das Büro von Holger Feist ist jetzt wieder in Kreuzberg, gleich neben seiner Wohnung, weitab von Konzern und Börsengeschäften, auch wenn die ihm zu den Mitteln verholfen haben, mit denen er nun auf seine Art das Richtige tun kann.

Landschaft bei Bitterfeld-Wolfen

Auf dem Gelände der Technischen Universität Berlin steht das Photovoltaik-Institut Berlin, das Module im Auftrag der Produzenten unter Standard- und Extrembedingungen testet und mit den Herstellern an neuen technologischen Konzepten forscht. Das PI-Berlin ist ein selbständiges privates Unternehmen, das sich auf dem Universitätscampus eingemietet hat. Gegründet wurde es 2006 von vier Berliner Photovoltaikspezialisten, unter ihnen Paul Grunow, der wie Holger Feist eines Tages nicht mehr wusste, was er bei Q-Cells noch zu tun hatte. Er nahm ein Sabbatjahr, das er zur Hälfte surfend auf Hawaii verbrachte, und entschied am Ende des Jahres, dass seine Zeit bei Q-Cells vorbei war. So wenig wie Holger Feist lag es ihm, in Gewinn- und Wachstumsmargen zu denken und in der Dynamik eines Konzerns zu funktionieren. Und er wollte wieder nach Berlin. Ich weiß nicht, ob es nur ein Scherz war, als er sagte, er nehme es Q-Cells heute noch übel, dass es ihn in diese vergiftete Gegend gezwungen habe. Dabei waren die Böden längst entgiftet, als Q-Cells nach Thalheim zog, und die Luft über Bitterfeld war wieder so klar wie hundert Jahre zuvor, als die Agfa auch wegen der besonderen Reinheit der Luft ihre Filmproduktion in Wolfen begründete, was Paul Grunow ja wissen muss, was ihn aber nicht beschwichtigt. Hätte man nicht nach Freiburg gehen können oder wenigstens nach Dresden, sagt er, warum in diese Gegend, in der nichts ist und aus der sowieso alle wegziehen.

Die meisten sind doch noch da, sage ich, nur aus Wolfen-Nord sind sie weggezogen, aber manchmal nur bis ins nächste Dorf.

Paul Grunow lässt sich in seiner Suada nicht unterbrechen. Warum kann diese Gegend nicht einfach untergehen? So etwas gibt es doch immer wieder, auf der ganzen Welt. Sollen sie doch alle Gruben fluten und Bäume pflanzen. Warum muss man da was retten?

Vielleicht will er mich nur provozieren, vielleicht auch nicht. Paul Grunow hat etwas Wildes, Ungebändigtes an sich. Wahrscheinlich meint er es ernst, denke ich und protestiere mit Leidenschaft: eine Gegend mit dieser Tradition könne man nicht einfach untergehen lassen. Familiengeschichten seien an die Region gebunden, Fachwissen von Generationen habe sich hier angesammelt. Da könne man den Leuten doch nicht sagen: werdet Förster oder Bademeister oder verstreut euch in alle Winde. Helmut Kohl, der hier als Retter des Chemiedreiecks gilt, hätte das gewusst, vielleicht weil er selbst aus einer ähnlichen Gegend stammt, vielleicht auch, weil er schon vor dem Hungerstreik der Kalikumpel in Bischofferode geahnt hat, zu welchen Eruptionen es führt, wenn die Leidensfähigkeit einer ganzen Bevölkerung überdehnt wird.

Paul Grunow hört zu, lächelt, sagt noch einmal: Die Jungen ziehen sowieso alle weg, und die Alten sterben aus. Der Streit macht ihm Spaß, und keiner von uns gibt nach. Am Ende sagt Grunow: Reiner hätte auch geredet wie Sie, der hätte auch nicht gesagt, lass die Gegend untergehen.

In der gewaltigen Flut von 2002 wäre Bitterfeld-Wolfen tatsächlich fast untergegangen. Das Hochwasser der Mulde, die aus dem östlichen Erzgebirge durch Sachsen nach Sachsen-Anhalt fließt und bei höheren Pegelständen als der schnellste Fluss Mitteleuropas gilt, stürzte mit einer Geschwindigkeit von fünfhundert bis tausend Kubikmetern in der Sekunde in den Muldestausee, von da in die Goitzsche und aus der Goitzsche in die Stadt. Dämme brachen, Brücken stürzten ein, das ansteigende Grundwasser drohte die in tieferen Schichten ruhenden Gifte nach oben zu drücken. Unter dem Industrieareal von Bitterfeld und Wolfen lagert eine gewaltige Blase von kontaminiertem Grundwasser, in der sich über mehr als hundert Jahre die abfallenden Gifte von mehr als fünftausend Produkten gesammelt haben. Es ist eine Aufgabe für die nächsten Jahrzehnte, die zweihundert Millionen Kubikmeter giftigen Wassers nach und nach abzupumpen, vorzureinigen und sie dann im Klärwerk endgültig aufzubereiten. Die größte Bedrohung durch die Flut aber ging vom Chemiepark und den dort lagernden oder produzierten Chemikalien aus, die, wäre es nicht gelungen, die Fluten umzuleiten, die Stadt, die Böden und Seen überschwemmt hätten. Auch wenn die Stadt zu großen Teilen unter Wasser stand, der Schaden erheblich war und das Unglück der Flutopfer zunächst groß, blieb die Katastrophe aus. Und die Goitzsche, das ehemalige Tagebauloch am Rand der Stadt, dessen Flutung eigentlich erst 2006 abgeschlossen sein sollte, füllte sich innerhalb eines Tages bis zu drei Meter über dem geplanten Endwasserstand und wurde so schon vier Jahre vor der Zeit zu Bitterfelds großer Attraktion: eine unerwartet schöne Seenlandschaft in einem Naturschutzgebiet von zweiundsechzig Quadratkilometern, mit Rad- und Wanderwegen, Strandbädern und Uferpromenade, mit einer bunt wuchernden Flora, in der sich Hirsche, Biber, Salamander, Fischadler, Kraniche und Kormorane angesiedelt haben, mit einem Hafen, in dem Segelboote ankern und von dem das Motorschiff ›Vineta‹ in See sticht, ins Bitterfelder Meer, wie man in überschäumender Begeisterung den unverhofften Seenreichtum gleich getauft hat.

Die Idee, das Chemiedreieck zwischen Dessau, Bitterfeld und Wittenberg in ein »industrielles Gartenreich« umzuwandeln, wurde in den neunziger Jahren am Dessauer Bauhaus entwickelt und beruhte wohl auf der Annahme, die Region würde sich als Industriestandort nie wieder erholen und biete darum ein ideales Experimentierfeld für postindustrielle, kleinformatige und ökologische Lebensformen, ein Modell, das den Verlierern der Krise, im Fall Bitterfeld den Verlierern der Einheit, helfen sollte, das »Desinteresse von Kapital und Politik« als Chance zu verstehen und »sich am eigenen Schopf aus dem Sumpf zu ziehen«.

Nun führt die lineare Verlängerung der Gegenwart zum Glück nur selten in die Zukunft, weil schon die fixe Idee von vier Enthusiasten ausreichen kann, den Ort der Zukunft um neunzig Grad zu verlegen. Am neuen Parkhaus von Q-Cells hängt ein riesiges blaues Plakat, auf dem steht: Du fehlst uns!

Aus der Region ist keine entindustrialisierte Zone geworden, nicht das Experimentierfeld für postindustrielle Lebensformen, wofür sich wohl auch eher die entvölkerten ländlichen Gebiete anbieten. Aber außer der Hoffnung, mit der Photovoltaik eine neue Identität als Wirtschaftsstandort zu gewinnen, hat Bitterfeld-Wolfen, so ungewohnt die Vorstellung auch ist, eine Zukunft als Erholungsgebiet für die umliegenden Großstädte, für Wanderer, Schwimmer, Segler, Radfahrer und Müßiggänger. Als ich zu Beginn meiner

Büroturm von Q-Cells. Thalheim

Q.

Recherche überall in der Stadt die Plakate mit der Einladung zum zweiten Bitterfelder Hafenfest entdeckte, war ich eher belustigt. Bitterfeld und Hafenfest – das klang absurd; ist es aber nicht.

Vom Ufer der Goitzsche sieht man auf einem bewaldeten Hügel ein großes stählernes Gebilde, das aussieht wie ein umgebogener, seiner technischen Grazie beraubter Eiffelturm oder wie ein Industriegigant, der sich keinem Zweck zuordnen lässt, von dem sich aus der Ferne auch nicht sagen lässt, ob er alt oder neu ist, der in jedem Fall aber Neugier erweckt. Das ist der Bitterfelder Bogen, das neue Wahrzeichen Bitterfelds, erfahre ich, das sichtbarste und berühmteste der Kunstwerke, die als ein Projekt der Expo 2000 die Landschaft um die Goitzsche in den Rang einer Kunst- und Kulturlandschaft erheben. Auf einer ehemaligen Abraumhalde wölbt sich der schöne Koloss über eine Weite von siebzig Metern. Ein halber Kilometer Fußweg über engmaschige Gitterroste führt in sanften Schrägen auf eine Plattform in achtundzwanzig Meter Höhe, wo sich ein Ausblick über Wälder und Seen bis in die Dübener Heide öffnet, der wohl auch Skeptiker erkennen lässt, dass Bitterfeld seinen schlechten Ruf nicht mehr verdient.

Der Bitterfelder Bogen ist das Werk des Künstlers Claus Bury, der sich, wie eine kleine Tafel informiert, von den konkaven und konvexen Linien einer Baggerschaufel zur Dynamik seiner monumentalen Skulptur inspirieren ließ und in dem Bogen ein Symbol für den Wandel der Region aus einem Braunkohle- und Chemierevier in ein modernes Industrie- und Forschungszentrum in einer zurückeroberten Landschaft gestaltet hat. Ein Denkmal für die industrielle Vergangenheit Bitterfelds und zugleich ein Teil der Landschaft, unter der sie nun begraben ist.

Auf dem Weg abwärts begegnet mir eine Gruppe mit Besen ausgestatteter Männer und Frauen, Sisyphusse, die das Herbstlaub vom Waldboden fegen sollen. Sie stehen beieinander, auf ihre Besen gestützt, manche rauchen, verfolgen mit undeutbaren Mienen meinen Weg an ihnen vorbei, ich bin die einzige Besucherin an diesem kalten diesigen Herbsttag, ich grüße, sie grüßen zurück. Man sieht ihnen an, dass der Aufschwung sie zurückgelassen hat, schon lange. An der Treppe steht ein Mann, der weder in Kleidung noch vom Habitus zu der Gruppe passt. Er ist schlank, um die vierzig, mustert mich neugierig. Als ich auf seiner Höhe bin, fragt er: Na, oben gewesen?

Ja, sage ich, ist schön.

Jetzt müssen Sie noch in die Villa am Bernsteinsee, das ist richtig für Sie.

War ich schon, ist auch schön, sage ich.

In der Villa am Bernsteinsee, einer ehemaligen Fabrikantenvilla aus der Gründerzeit, ist Bitterfelds nobelstes Hotel beherbergt, in dem ich leider nie übernachtet habe, weil es Hunde nicht duldet.

Wo sind Sie denn her? fragt der Mann.

Berlin.

Zehlendorf oder Dahlem?

Schöneberg.

Er freut sich, da hätte er auch gewohnt, bis vor zwei Jahren.

Und wie hat es Sie nach Bitterfeld verschlagen?

Es lässt sich doch gut leben hier, sagt er, die Mieten sind billig und überhaupt. Jetzt hat das Arbeitsamt mich mal erwischt.

Er lacht, winkt ab. Das geht auch vorbei.

Die meisten der etwa dreihundertsechzig Betriebe, die sich bisher im Chemiepark Bitterfeld-Wolfen niedergelassen haben, sind kleine Unternehmen, Neuansiedler oder Ausgründungen von Abteilungen des Chemiekombinats und der Filmfabrik. Obwohl die Vergabepraxis der Treuhand es den ostdeutschen Bewerbern wahrlich nicht erleichtert hat, Teile ihrer alten Werke selbst zu übernehmen, gehören einige der wieder- oder neuentstandenen Firmen im Chemiepark heute ehemaligen Mitarbeitern der Bitterfelder und Wolfener Werke.

Drei der Gründer – die Buchhändlerin Maritta Rachner, den Vorstandsvorsitzenden der ORWO Net AG Gerhard Köhler und die Geschäftsführerin der MABA Spezialmaschinen GmbH – habe ich getroffen.

Die Holzhütte, in der Maritta Rachners Buchhandlung bis 1990 beherbergt war, stand gleich in der

Nähe des Haupteingangs zur Filmfabrik, zwischen dem Gebäude 041, der Sparkasse und dem Casino, ein idealer Platz für eine Buchhandlung, sagt Maritta Rachner. Nach 1990 änderten sich auch für den Buchhandel die Eigentumsverhältnisse, und die Rachnersche Buchhandlung gehörte nicht mehr zum Volkseigentum, sondern zur Halleschen Buchhandels GmbH, von der Maritta Rachner 1991 gekündigt wurde. Sie war achtundvierzig Jahre alt. Die einzige Alternative zur Arbeitslosigkeit war der Versuch, sich selbständig zu machen. Die fünfundvierzig Quadratmeter große Hütte konnte sie für eine Mark kaufen, die Abfindung reichte für den Buchbestand, die Pacht für das Grundstück kostete achtzig Mark im Monat. Drei Jahre lang arbeitete sie von morgens um fünf bis nachmittags um fünf, ohne einen Tag Urlaub. Eigentlich hätte sie das nicht gemusst, sagt sie. Ihr Mann, in der Filmfabrik Chef der Energiewirtschaft, wurde von der Mitteldeutschen Energieversorgung übernommen und verdiente gut. Aber sie war Buchhändlerin und wollte das auch bleiben. In den ersten Jahren profitierte sie vom Nachholbedarf ihrer Kunden, deren Neugier und Freude über die Verfügbarkeit des eben noch Verbotenen offenbar die Sorgen um die Zukunft überwog. Bis 1996/97 wurden viele Bücher gekauft, sagt Maritta Rachner. Später hätten die ansiedelnden Betriebe, die Bayer AG, die Qualifizierungsgesellschaften oder die Bibliothek ihr Geschäft gesichert. Als für die verbliebenen Bewohner von Wolfen-Nord nachträglich ein Stadtzentrum, die Nord-Passage, gebaut wurde, zog Maritta Rachner mit ihren Büchern aus der Holzhütte in die geräumige City-Buchhandlung. Das Neubaugebiet Wolfen-Nord, abseits des traditionellen Stadtgebiets gelegen, ist der problematischste Bezirk von Bitterfeld-Wolfen. Seit 1990 hat sich die Einwohnerzahl halbiert, das Durchschnittsalter ist hoch, die Anzahl der Kinder gering. Es ist viel Geld nach Wolfen-Nord geflossen, auch für Häuser, die später abgerissen wurden. Was sollten wir denn machen, hat Petra Wust gesagt, die Leute haben doch noch zehn oder zwölf Jahre darin gewohnt, sollten wir denen sagen: Bei euch wird nichts mehr repariert, weil wir das später vielleicht wegreißen müssen? Eigentlich wirken, jedenfalls im Sommer, die Wohnviertel inmitten der vielen kleinen Parkanlagen freundlich und gepflegt, kein Müll auf den Straßen, keine Graffiti an Hauswänden, keine Spuren von Verwahrlosung, die einem Ortsunkundigen ins Auge fallen, nur ein paar verlorene Gestalten hinter den Scheiben der wenigen Kneipen lassen verborgenes Unglück ahnen. Wohnen möchte man hier nicht, in den schnurgerade durch die Landschaft geschlagenen Straßen mit den eintönigen Fassaden, in diesem kargen Konstrukt ohne Nischen und verborgene Winkel.

Parsevalstraße. Bitterfeld

Aber die Rachnersche Buchhandlung gedieh auch hier, nicht zuletzt wegen der vielen Rentner, die für ihre Enkelkinder Bücher kauften. In diesem Sommer, mit fünfundsechzig Jahren, hat Maritta Rachner ihre Buchhandlung verkauft. Seitdem ist es schwer, sich mit ihr zu verabreden. Sie ist in Norwegen oder in Köln, wo ihre Töchter leben, oder auf einer Exkursion mit dem Rotary-Club, wohin sie manchmal, wenn es interessant ist, ihren Mann begleitet, sie muss zum Sport oder zum Yoga, oder sie ist in der Volkshochschule und lernt Englisch, weil es ihr peinlich ist, wenn sie sich in Norwegen, wo jede Verkäuferin im Supermarkt englisch spricht, nur pantomimisch verständigen und mit den Freunden ihrer Kinder nicht mehr als ein Lächeln tauschen kann.

Wir sitzen im Wintergarten des Hauses, das früher der Filmfabrik gehörte und das die Rachners 1991 von der Treuhand gekauft haben, und trinken Kaffee. Später kommt Juliane, die Enkeltochter, die Tochter der Zahnärztin aus Köln, von der Maritta Rachner mir schon erzählt hat, dass sie während der elften Klasse als Austauschschülerin in Paris war, nun an der Technischen Hochschule Aachen studiert und jetzt gerade ein Praktikum bei CSG absolviert hat. CSG bedeutet Crystalline Silicon on Glass und ist der Name der australischen, mit Q-Cells verbundenen Firma, die seit 2004 in Thalheim Module im

Dünnschichtverfahren produziert, bei dem das teure und knappe Silizium nur als hauchdünne Schicht auf Glas aufgetragen wird. Von ihrem Praktikum war Juliane so begeistert, dass sie ihren Kollegen zum Abschied einen Kuchen gebacken hat, wie mir ihre verwunderte Großmutter erzählt; und vielleicht hat die Photovoltaik in ihr ja eine neue Ingenieurin gewonnen.

Die jüngere Tochter und ihr Mann, beide Ärzte, seien nicht des Geldes wegen nach Norwegen gegangen, sagt Maritta Rachner, sondern weil sie in Jena, wo sie am Universitätsklinikum gearbeitet haben, weder Zeit für sich noch für ihre beiden Kinder hatten. Manchmal sei ihr Mann, der schon vor ihr in Rente gegangen war, nach Jena gefahren, um zu helfen, bis sie sich entschlossen hätten, nach Namsos zu ziehen, wo sie geregelte Arbeitszeiten haben und ein Familienleben, und wo sie wohl auch bleiben werden. Vielleicht käme eine Enkeltochter ja wieder nach Deutschland, vielleicht. Natürlich bedauere sie, dass ihre Kinder so weit entfernt wohnten, aber man könne sich ja besuchen, und schließlich hätten auch sie selbst darüber nachgedacht, ob sie jetzt, da die Arbeit sie nicht mehr hier hält, vielleicht fortziehen sollten aus Wolfen. Eigentlich hätten sie nur für drei Jahre bleiben wollen, als sie 1968 hierher gekommen sind. Aber die meisten ihrer

Freunde lebten hier, die Menschen, mit denen sie ihre Erinnerungen und Erfahrungen teilten, ihr Leben sei nun hier. Für die Kinder sei das anders, die zögen eben in die Welt.

Wolfen und die Filmfabrik waren eins, egal, ob sie Agfa oder ORWO hieß. Wer Wolfen sagte, meinte die Filmfabrik, und wer von der Filmfabrik sprach, meinte auch Wolfen. Fünfzehntausend Menschen arbeiteten bis 1990 bei ORWO, achttausend davon Frauen. Die Versuche der Treuhand, die Filmfabrik als Ganzes zu verkaufen, misslangen. Interessenten sprangen wieder ab oder stellten unzumutbare Bedingungen. Auch Heinrich Mandermann, ein Westberliner Unternehmer, der schon den Dresdener Kamerahersteller Pentacon gekauft und damit wenigstens einem Kernbereich das Überleben gesichert hatte, blieb in Wolfen, wo er ein Großlabor unter dem Namen ORWO errichten wollte, glücklos. Die Nachfolgeeinrichtung der Treuhand leitete die Liquidation der Filmfabrik ein, worin manche damals ein Komplott zwischen der Treuhand und den Marktführern Kodak und Agfa vermuteten, andere, darunter meine

Gewährsleute Uwe Schmorl und Karl Enders, sehen im Untergang von ORWO die Konsequenz der Jahrzehnte zuvor, der mangelnden Investitionen, der verpassten Modernisierung und damit der Wettbewerbsfähigkeit. Aber auch wenn ORWO fortbestanden hätte, wäre es kurz darauf wahrscheinlich der Digitalisierung der Fotografie zum Opfer gefallen.

Und so gehört der Name ORWO heute zu einem Großlabor, das einhundertfünfundsiebzig Mitarbeiter beschäftigt und für ganz Deutschland, inzwischen auch für Dänemark, analoge und digitale Bilder entwickelt, Fotobücher und andere Fotoprodukte herstellt. Geschäftsführer der ORWO Net GmbH ist Gerhard Köhler, Jahrgang 1956, Studium und Promotion an der Handelshochschule Leipzig, danach angestellt bei der Staatsbank der DDR, seit 1990 bei verschiedenen Geldinstituten, zuletzt, bis 2000, war er Regionaldirektor der Commerzbank in Ostbrandenburg. Eigentlich wäre er gern Sparkassenvorstand in einer kleinen oder mittelgroßen Stadt geworden. Er hat sich für hundert Filialen beworben, und die Kränkung darüber, dass ihm nicht eine davon anvertraut wurde, klingt heute noch mit, wenn er davon erzählt.

Aber Regionaldirektor der Commerzbank klingt doch gut, sage ich.

Als Regionaldirektor einer großen Bank ist man eingeklemmt in die Hierarchie, sagt Gerhard Köhler, aber ein Sparkassenvorstand, der kann selbst entscheiden, der ist jemand in seiner Stadt.

Selbst jetzt, als Chef eines erfolgreichen, zudem mit dem Traditionsnamen ORWO ausgestatteten Unternehmens, scheint er diesem Traum noch nachzuhängen. Und so, wie er mir gegenübersitzt, mit dem fast faltenlosen, runden Gesicht, dem schütteren Haar und der verhaltenen Stimme, wirkt er auch nicht wie jemand, zu dessen Vorstellung von Glück das Spiel mit dem Abgrund gehört. Aber genau darauf ließ er sich ein, als er sich vor fünf Jahren mit einem zweistelligen Millionenkredit belastete und seine Firma gründete.

Die Entstehungsgeschichte von ORWO Net ist so verworren wie viele Eigentums- und Gründungsgeschichten der neunziger Jahre:

In Taucha, einem kleinen Ort bei Leipzig, gründete im Jahr 1990 Hans Dieter Lindemeyer, genannt der Bill Gates von Taucha, in seiner Garage die Computerfirma Lintec. Die Firma lief gut, in den besten Zeiten lag der Umsatz bei fünfhundert Millionen Mark. 1998 kaufte Lindemeyer von dem Passauer Unternehmer Matthias Sawatzky die Firma Batavia Multimedia. Sawatzky blieb Vorstand, Lindemeyer wurde Aufsichtsratsvorsitzender. Die Batavia gründete die Firma Pixelnet, ein Dienstleistungsunternehmen rund

Bitterfeld

um die digitale Fotografie, damals eine weitsichtige Entscheidung. Der Anteil der digitalen Fotografie war minimal. Im Jahr 2000 ging Pixelnet, als einziges Unternehmen in Sachsen-Anhalt, an die Börse. Kurz zuvor war Gerhard Köhler, auch in Taucha ansässig und ein Freund von Lindemeyer, als Finanzvorstand zur Firma gestoßen. Anfang 2001 kaufte Pixelnet für eine Mark die Fotokette Porst, mit deren verzweigtem Filialsystem es den eigenen Vertrieb organisieren wollte. Pixelnet hatte zwanzig Mitarbeiter, Photo-Porst eintausendzweihundert. Es war die Zeit des Neuen Marktes, bodenloser Euphorie und unbegrenzten Aufstiegs. Derweil fiel auf Sawatzky ein Verdacht wegen Steuerhinterziehung und Kursbetrug, die Staatsanwaltschaft ermittelte. Zwischen Lindemeyer und Sawatzky eskalierte eine schon länger schwelende Vertrauenskrise, in deren Folge Lindemeyer sich aus dem Aufsichtsrat zurückzog. Auch Gerhard Köhler kündigte und wurde selbständiger Unternehmensberater.

Ein halbes Jahr später musste Sawatzky samt seinem Finanzvorstand zurücktreten, und Gerhard Köhler wurde gefragt, ob er, diesmal als Vorstandsvorsitzender, zu Pixelnet zurückkehren wolle. An Köhlers erstem Arbeitstag ging Photo-Porst nach gescheiterten Sanierungsversuchen in Insolvenz, eine Woche später meldete auch die kleine Mutter Pixelnet, die mehrere Millionen in das übergewichtige Adoptivkind investiert hatte, Insolvenz an, wegen drohender Zahlungsunfähigkeit, was, wie Gerhard Köhler mir erklärt, die intelligentere Form der Insolvenz ist. Solange die Zahlungsunfähigkeit nur droht, kann der Insolvenzverwalter noch handeln und im Glücksfall retten.

Köhler reichte ein Konzept zur Sanierung von Pixelnet ein, unterlag einem Schweizer Investor, der dann aber nicht zum Notartermin erschien und Gerhard Köhler somit Pixelnet und ORWOmedia, eine hundertprozentige Tochter von Pixelnet, überließ.

Matthias Sawatzky wurde 2002 verhaftet und später vom Landgericht Landshut wegen Steuerhinterziehung in Höhe von 2,3 Millionen Euro verurteilt.

2003 gründete Gerhard Köhler aus dem materiellen und immateriellen Anlagevermögen von Pixelnet und ORWOmedia die ORWO Net GmbH, steigerte seitdem die Produktionskapazität von einhundert auf fünfhundert Millionen Bilder, erweiterte die Produktpalette, eroberte einen Marktanteil von fast zehn Prozent, expandierte nach Skandinavien und nahm zum fünfjährigen Bestehen eine dritte Produktionshalle in Betrieb.

Ob das Leben als selbständiger Unternehmer denn nicht viel interessanter sei als das eines Sparkassenvorstands, frage ich.

Er antwortet mit einem Lächeln, das offen lässt, ob

er mir zustimmt, oder ob er auf eine so schwierige Interessantheit auch gern verzichtet hätte, oder ob es immer noch den nicht vergessenen hundert Ablehnungen gilt, die für Gerhard Köhler besagten, dass allein seine ostdeutsche Herkunft ihn als Sparkassenvorstand auch der kleinsten Stadt untauglich machte.

Dabei, sagt er mit sichtlicher Freude am eigenen Argument, hätte ja eigentlich nur, wer in der DDR Ökonomie studiert hat, etwas über die politische Ökonomie des Kapitalismus *und* des Sozialismus gelernt. Er hätte oft Skat gespielt mit »netten Westdeutschen«, einem Mathematiker, einem Chemiker und einem Betriebswirtschaftler. Er selbst spiele gern mit deutschen Karten, die Westdeutschen hingegen nur mit französischen. Und weil das Spiel mit den deutschen Karten zu einem Chaos geriet, sei er, aus Kulanz und problemlos, auf die französischen umgestiegen, weil er eben beides konnte. Können Sie sich das Chaos vorstellen, wenn die Ossis die Wessis übernommen hätten? Keine Anpassungsfähigkeit, nur eingefahrene Bahnen, sagt er; wir mussten sofort alles können.

Auch Ingrid Weinhold, Chefin der MABA Spezialmaschinen GmbH, erinnert sich an die Gründerzeit ihrer Firma nicht ohne Bitternis, wenn der Erfolg der letzten achtzehn Jahre ihr auch zu ausgleichender Genugtuung verholfen hat. Als 1990 die Hauptabteilung Instandhaltung der Filmfabrik aufgelöst wurde und einzelne Gruppen von Technikern und Ingenieuren sich in kleinen Dienstleistungsbetrieben etablierten, beschlossen Ingrid Weinhold und vier ihrer Kollegen, im Chaos des Niedergangs ihre Chance zu suchen und eine ihrer alten Abteilungen in ein unabhängiges Unternehmen umzuwandeln – MBO, Management buy out heißt das im Fachjargon. Innerhalb eines Jahres reichte Ingrid Weinhold sieben immer wieder veränderte Unternehmenskonzepte ein, bis ihnen die Treuhand endlich Grund und Boden, Maschinen und Gebäude für mehr als eine Million Mark verkaufte. Die fünf Gesellschafter unterschrieben den Vertrag im

Vertrauen auf die Zusage der Banken, mit denen sie verhandelt hatten. Und dann sagten die Deutsche Bank, die Dresdner Bank und die Sparkasse ab. Ein Warenhaus finanzieren wir nicht; diesen Satz vergesse ich nie, sagt Ingrid Weinhold. Das Warenhaus bezog sich auf das breit gefächerte Angebot der geplanten Firma, die Spezialmaschinen für alle Branchen anbieten wollte, als Einzelanfertigung oder in kleinen Serien. So, dachten sie, könnten sie für Deutschland und die ganze Welt produzieren. Der Vertrag war unterschrieben und der Kredit geplatzt. Zum Glück der Gesellschafter wurde der Kaufpreis erst fällig, nachdem die Aufteilung der Filmfabrik in Flurstücke abgeschlossen war. Die fünf nahmen private Kredite auf, beliehen ihre Häuser, legten das Ersparte zusammen und begannen zu produzieren. Sie waren immer noch gut vernetzt mit den überlebenden Teilen der Filmfabrik, so dass wenigstens an Aufträgen kein Mangel war. Das Geld wurde ausgegeben, wie es eingenommen wurde, ohne Rücklagen und Sicherheiten. Ingrid Weinholds Mann arbeitete im Westen und verdiente gut. Alles, was sie nicht zum Leben brauchten, floss in die Firma. Nach einem halben Jahr waren aus den sechzehn Mitarbeitern schon dreißig geworden, was die zaudernden Banken ermutigte, MABA die überlebenswichtigen Kredite doch zu bewilligen. Von der Treuhand, sagt Ingrid Weinhold, haben sie keinen Pfennig bekommen. Die Förderprogramme hätten nur den Chemiebetrieben gegolten, aber nicht einem Maschinenbauunternehmen, obwohl es ja für die Chemie produzierte. Außerdem wurden sie als Neu- und nicht als Ausgründung eingestuft, was eine Förderung ebenfalls ausschloss. Ich kann ihr nur glauben, verstehen kann ich es nicht. Während Bewerber aus dem Westen im Vertrauen auf ihre Solvenz die Betriebe oft für eine Mark erwerben konnten, mit Anschubfinanzierungen, Geldern für unterlassene Instandhaltung, das heißt: zur Sanierung der verfallenen Gebäude, und zusätzlichen Geldern für die Beschäftigten ausgestattet wurden, mussten die Gesellschafter von MABA jede Mark für ihr Unternehmen selbst aufbringen. Die gelben Ziegelbauten, in denen der Betrieb gleich in der Nachbarschaft vom Gebäude 041 residiert, bezeugen die Summen, die seit der Gründung in das Unternehmen geflossen sind. Fünf Millionen Euro habe sie inzwischen in die Maschinen und Gebäude investiert, sagt Ingrid Weinhold. Schon 1995 sind drei der Mitgesellschafter ausgeschieden, der letzte fünf Jahre später. In der Firmengeschichte von MABA steht unter dem Jahr 2000: *Ausscheiden des letzten Mitgesellschafters. Frau Weinhold übernimmt den kompletten Firmenverbund als alleinige geschäftsführende Gesellschafterin ohne Stammkapitalsenkung.*

Einkaufszentrum zwischen Bitterfeld und Greppin

ALDI
MARKT
EINFAHRT

Warum sie allein von den fünf übriggeblieben sei, frage ich.

Sie zögert mit der Antwort. Die anderen seien zehn, fünfzehn Jahre älter gewesen als sie und wollten dann wohl auch das Risiko nicht mehr tragen, vielleicht auch lieber das verdiente Geld sichern, statt immer neue Kredite aufzunehmen. Es hätte verschiedene Gründe gegeben, einmal sei es auch unschön gewesen. Aber alle wurden ausbezahlt, sagt sie, und es scheint, als trüge sie an der Last der Kredite, die sie sich dafür aufladen musste, leichter als an den Kompromissen, die kollektives Eigentum bei individueller Interessenlage mit sich bringen kann.

Vermutlich verdankt sie den ausgeprägten Eigensinn auch ihrer Erziehung. Ihre Eltern, die Mutter Schneiderin, der Vater Schlossermeister, kamen nach dem Krieg als Vertriebene aus den Sudeten nach Wolfen. Ihre Tochter erzogen sie christlich, schickten sie in einen konfessionellen Kindergarten, ließen sie konfirmieren und gaben ihr so eine widerständige Distanz zum Staat und seinen nivellierenden Ansprüchen vor. Ingrid Weinhold absolvierte zunächst eine kaufmännische Lehre, studierte dann Verfahrenstechnik, sie wurde nie Mitglied einer Partei, schon gar nicht der SED, was ihrem beruflichen Aufstieg schnell Grenzen setzte. Nicht einmal als Abteilungsleiterin sei sie tragbar gewesen, sagt sie. Als die Mauer fiel, war sie vierunddreißig Jahre alt, jung genug, um sich versäumtes Leben zurückzuerobern.

Die MABA Spezialmaschinen GmbH ist erfolgreich. Das von den Banken als Warenhaus verhöhnte Unternehmenskonzept hat so funktioniert, wie Ingrid Weinhold es erhofft hat. Für dreihundertdreißig Kunden, darunter auch die Thalheimer Solarfirmen, entwickelt, konstruiert, testet und montiert MABA Komponenten und Komplettanlagen. Zum Unternehmen gehören inzwischen dreiundfünfzig Mitarbeiter, hochqualifiziert und zuverlässig, sagt Ingrid Weinhold, Ingenieure, Facharbeiter, auch Wissenschaftler hat sie inzwischen eingestellt.

Mit dem Zusammenbruch der Filmfabrik und des Chemiekombinats hat die Region auch ihre Forscher verloren. Die einen versanken im Vorruhestand, die Jüngeren wurden von den großen und kleinen Chemiebetrieben des Westens aufgesogen. Die Neuansiedler in der Region Bitterfeld-Wolfen bieten zwar Arbeitsplätze in der Produktion, ihre Forschungsabteilungen aber bleiben in den Stammsitzen der Firmen, in Leverkusen, Detroit oder in den Niederlanden. Seine Einzigartigkeit und seine Stabilität aber gewinnt ein Industriestandort durch seine Forschung, durch den Genius loci, der nicht, je nach Konjunktur und Lohngefälle, verlagert werden kann.

Sie haben uns nichts zugetraut, sagt Ingrid Weinhold, die haben uns aus dem Osten einfach nichts zugetraut. Wie sie hinter ihrem Schreibtisch sitzt, robust, selbstgewiss, ist sie ein leibhaftiges Dementi solchen Misstrauens, und sie genießt es.

Warum eigentlich haben in den letzten zwanzig Jahren nicht Leute wie Uwe Schmorl, Manfred Kressin oder Ingrid Weinhold das öffentliche Bild von den Ostdeutschen geprägt? Warum waren es vor allem die Nostalgiker, PDS-Wähler und Rechtsradikalen, die als Bevölkerung der »neuen Länder« auf den Bildschirmen und in den Zeitungen präsentiert wurden, als hätte es die Wagemutigen, die Zähen und Erfinderischen nicht gegeben, als wären nicht Hunderttausende klaglos jahrelang nach Bayern und Baden-Württemberg gependelt oder hätten nach jeder Pleite ihres Arbeitgebers unermüdlich nach einem neuen gesucht. Wären diese zwanzig oder dreißig Prozent nicht allen Ostdeutschen so lange als ihr Spiegelbild vorgehalten worden, bis sie selbst glauben mussten, sie seien ein Volk von antriebsschwachen, obrigkeitshörigen Sozialfällen, würden gegenwärtige Umfragen nach ostdeutschen Identitätsgefühlen vermutlich weniger deprimierend ausfallen. Wie eine Standardfigur der Commedia dell'Arte geistert der Ostdeutsche als geprellter, unselbständiger, seinen Unmut stammelnder Zeitgenosse bis heute durch die Medien, als störten die anderen, die beherzten Gründer und phantasiereichen Improvisierer nur das Bild. Den einen gilt der ostdeutsche Tolpatsch noch immer als Beweis für Kohls Lüge von den blühenden Landschaften, den anderen als Argument gegen die verfehlte Sozial-, Wirtschafts- oder Bildungspolitik der jeweils regierenden Partei, und manche brauchen ihn womöglich, um die eigene Überlegenheit zu genießen. Vielleicht kennen ja sogar die Ostdeutschen ihre eigenen Erfolgsgeschichten zu wenig, um stolz auf sie und sich selbst zu sein.

Die Treuhand ist für ihre Arbeit oft geschmäht worden, und ganz gewiss waren die ersten Jahre nach der Vereinigung eine goldene Zeit für Spekulanten und Betrüger, die auch mit Hilfe der Treuhand ihre Geschäfte betrieben haben. Auch das Interesse mancher westdeutscher Unternehmen war nicht solidarisch oder gar patriotisch motiviert, sondern galt eher den unwillkommenen Konkurrenten. Was von den Überresten der ostdeutschen Betriebe verdaulich war, konnte man sich einverleiben, den unverdaulichen Rest verschrotten. Das alles ist vorgekommen und hat das Wort Treuhand für viele zum Schimpfwort werden lassen. Auch im Chemiedreieck Halle-Bitterfeld-Dessau sind einige unternehmerische Hasardstücke, an denen übrigens auch Ostdeutsche beteiligt waren, vor Gericht gelandet, andere wurden untersucht, von manchen erzählt man sich nur. Aber niemand in Bitterfeld-Wolfen bestreitet die gewaltige Anstrengung der Treuhandmitarbeiter, der Region ein Überleben oder richtiger: die Wiedergeburt als Industriestandort zu ermöglichen. Dass sie bei ihren Vergabeprinzipien eher auf Solvenz setzten, manchmal auch nur die vermeintliche, als auf den Überlebenswillen und die Kenntnisse der Stammbelegschaften, dass sie, wie Ingrid Weinhold sagt, den Ostdeutschen einfach nichts zugetraut haben, lag wohl weniger an ihrer Bosheit, sondern vor allem an politischer und sozialer Phantasielosigkeit. Warum die fünf Gesellschafter der MABA einen Millionenbetrag für etwas bezahlen mussten, das jemandem, in dessen Solvenz die Treuhand vertraute, oft für eine Mark überlassen wurde, ist heute noch unverständlicher als vor zwanzig Jahren, als allein der Zwang zur schnellen Privatisierung die Logik des Handelns bestimmte. Das Gefühl, auf eigenem Terrain deklassiert oder entmündigt zu werden, hätte zumindest gemildert werden können, wenn man ostdeutschen Bewerbern mit überzeugenden Unternehmenskonzepten und der nötigen Befähigung Priorität eingeräumt und ihre unvermeidliche Kapitalschwäche ausgeglichen hätte. Vielleicht hätte es mehr Geld gekostet, vielleicht auch nicht; das Bild, das sich beide Seiten voneinander gezeichnet haben, wäre aber wahrscheinlich schöner, ein bißchen jedenfalls.

Die Finanzkrise des Herbstes hat sich inzwischen zur Wirtschaftskrise ausgebreitet, die auch den Höhenflug der Solarindustrie bremst. Die Q-Cells-Aktie, in ihren besten Zeiten hundert Euro wert, pendelt seit Monaten um die zwanzig Euro. Seit ich festgestellt habe, dass der Wert von Solaraktien auffällig mit dem Rohölpreis korreliert, halte ich die Börse für dumm, weil ja der Preis des Rohöls die Ressourcen weder vermehrt noch vermindert und nichts daran ändert, dass wir langfristig auf andere Energiequellen angewiesen sind, weil also der Rohölpreis für jemanden, der in die Solarindustrie investieren will, gar keine Rolle spielen dürfte, weil das eine kurzfristig, das andere langfristig funktioniert. Die Börse aber, das hat meine monatelange Beobachtung der Q-Cells-Aktie ergeben, hat höchstens die nächsten zehn Minuten im Blick. Warum das – wenigstens in guten Zeiten – sinnvoll sein kann, folgt offenbar einer mir nicht zugänglichen Ver-

Bitterfeld

nunft. Jetzt haben wir aber schlechte Zeiten, und wie schlecht sie möglicherweise geworden sein werden, wenn dieses Buch erscheint, weiß niemand. Im Solar Valley von Bitterfeld-Wolfen hat inzwischen der australische Produzent von Dünnschichtmodulen CSG, an dem Q-Cells mit zwanzig Prozent beteiligt ist, seine Produktion eingestellt, nur die Forschungsabteilung arbeitet weiter. CSG ist ein kleines Unternehmen und darum nach eigener Aussage krisenanfälliger. Solaranlagen werden auf der ganzen Welt mit Krediten finanziert, und Kredite sind zurzeit auf der ganzen Welt schwer zu haben. Um die einhundertvierundzwanzig entlassenen Mitarbeiter nicht für die Zukunft zu verlieren, werden Arbeitsplätze in den anderen Solarbetrieben von Thalheim gesucht. Q-Cells hat im November seine Gewinnprognosen für das Jahr 2009 gesenkt. Die für 2009 geplante weltgrößte Glasfabrik, in der fünfhundert Mitarbeiter in Thalheim Flachglas für die Solarindustrie produzieren sollten, wird vorerst nicht gebaut, weil das norwegische Unternehmen Vetro Solar die vierhundert Millionen Euro, die das zwölfhundert Meter lange Werk kosten würde, in den Krisenzeiten nicht auftreiben kann. Und der chinesische Solartechnikhersteller LDK, der Q-Cells mit Wafern beliefert, zog mit einer Gewinnwarnung wegen sinkender Nachfrage und eigenen Finanzierungsschwierigkeiten die gesamte Solarbranche noch ein paar Prozent tiefer. Alles hängt an den Krediten, die Kredite hängen an den Banken, und an den Banken hängen wir. *Scheiß auf den Kommerz. Lass uns was Richtiges machen.*

Am 2. Oktober 1991 hat Günter Grass zum ersten Jahrestag der deutschen Einheit in Bitterfeld eine Rede gehalten. Nachdem er sein Unbehagen, als »Wessi« über »Verhältnisse zu reden, in denen er nicht leben musste«, artikuliert und sich darauf mit seinem »dreißig Jahre anhaltenden Reden und Dreinreden in Sachen Deutschland« legitimiert hatte, sagte er das, worauf es ihm ankam: »Mein Resümee nach einem Jahr ist bitter.«

Von Schnäppchen, Siegern, vom Einigungsvertrag als Kolonialordnung, vom Scheitern der Einheit im Schweinsgalopp ist die Rede, vor allem aber von der Dummheit, seine, Grassens Vorschläge zu einer langsamen, behutsamen Annäherung und späteren Konföderation beider deutscher Staaten nicht bedacht zu haben. »Nein, diese Einheit ist keine Feierstunde wert«, sagte Günter Grass, »wohl aber sollte sie zum Nachdenken zwingen. Fragen, die wehtun, sind uns gestellt, späte, wahrscheinlich zu späte Fragen: Welcher geschichtsträchtige Teufel hat uns geritten, das Geschenk möglicher Einigung zu verhunzen und anstelle eine Einheit zusammenzunageln, die nur ihrem Selbstzweck Halt gibt?«

Vieles, was Grass als Beweis für seinen katastrophalen Befund aufzählt, stimmt: der peinliche Aufstieg der Krauses und Diestels, die Kungelei mit Schalck-Golodkowski, die vorhersehbaren Folgen der Währungsunion, der zügellose Kapitalismus nach dem Zusammenbruch des Ostblocks und die faktisch und psychologisch verheerende Entscheidung, Eigentumsfragen nach dem Prinzip Rückgabe statt Entschädigung zu regeln.

Was aus dem von Grass verteufelten Weg zur Einheit geworden ist, wissen wir. Die Deutschen in Ost und West lieben einander immer noch nicht, die Arbeitslosigkeit ist im Osten immer noch höher als im Westen, die Einkommen noch immer geringer, manche Landstriche entvölkern sich, alle Krankenhäuser sind saniert, obwohl das Geld knapp ist, die Straßen sind repariert, die Städte restauriert, Heizungen und Bäder eingebaut, Telefone angeschlossen, und alle gemeinsam sitzen wir jetzt in der Krise. Was aus Grass' favorisiertem Modell der langsamen Annäherung und Konföderation geworden wäre, lässt sich nur ahnen. Die einzigen gut organisierten Kräfte in der DDR waren die SED und die Staatssicherheit. Während wir uns an den runden Tischen behutsam angenähert hätten, wären hinter unserem Rücken die alten Genossen in die neuen Posten aufgerückt, hätten das alte Geld untereinander verteilt und davon die Fabriken gekauft, die sie bis dahin nicht ruiniert hatten, und säßen da nun statt irgendwelcher Unternehmer aus Nordrhein-Westfalen oder Bayern, wahrscheinlich so unerbittlich kapitalistisch, wie sie zuvor unerbittlich kommunistisch waren. Wahrscheinlich wären sie aber auch, wie die Hälfte aller Ostdeutschen, in den Westen gezogen, wo man für Westgeld arbeiten konnte, das es im Osten wegen der ausgefallenen Währungsunion ja nicht gegeben hätte, in der geträumten Welt von Günter Grass.

Ein Jahr, zwölf Monate, nach der Vereinigung erklärte Günter Grass den aus allen Gewissheiten und Gewohnheiten katapultierten Bitterfeldern, dass die deutsche Einheit gescheitert, sie selbst betrogen, ausgeraubt und kolonialisiert waren und obendrein dumm genug, dieses Unglück selbst gewählt zu haben. Vermutlich werden ihm auch heute noch alle nicht zu bestreitenden Unzulänglichkeiten, alle Fehler und Schurkereien, die vorgekommen sind, als Beweis für die Richtigkeit seiner damaligen Befunde und Prognosen dienen. Vielleicht würde er sogar, wenn er heute nach Bitterfeld-Wolfen käme, vor allem bemängeln, dass Preiss-Daimler aus Minden stammt, Bayer aus Leverkusen, Guardian aus den USA; vielleicht würde, vorausgesetzt, es schiene die Sonne, nicht einmal die Sensation eines blauen Himmels über Bitterfeld seinen Groll vertreiben, auch nicht die Goitzsche, die hellen, rußbefreiten Fassaden der Klinkerbauten und die riesige Baustelle vom Solar Valley. Es könnte natürlich auch sein, dass er sich doch fragen würde, was damals, nach dem ersten Jahr der Einheit, eigentlich anderes hätte geschehen können, als die pausenlose Vergiftung der Stadt und ihrer Bewohner zu beenden, was eben bedeutete, die verschlissenen Anlagen stillzulegen, verfallene Gebäude abzureißen, das Erdreich zu sanieren, weil sonst Guardian, Bayer, Q-Cells und alle anderen diesen verhunzten Ort gemieden hätten wie die Pest. Er könnte sich fragen, wie es in der Stadt heute aussähe als Teil einer eigenständigen, konföderierten DDR in einer globalisierten Wirtschaftswelt, mit einem Lastenausgleich ausgestattet, wie Grass es vorschlug, statt Solidarbeitrag und Bundeshaushalt. Er könnte sich auch daran erinnern, dass es 1945, als zwölf Millionen Vertriebene in das zerbombte, demoralisierte, schuldverstrickte Land strömten, nicht liebevoller zuging unter den Deutschen und dass es fast sechzig Jahre gedauert hat, bis über die Verletzungen und Deklassierungen der unwillkommenen Zuwanderer aus dem Osten gesprochen werden konnte. Fünfundvierzig Jahre nach dem Krieg sind die Ostdeutschen dazugekommen, freiwillig, in ein reiches, demokratisch verfasstes Land. Trotzdem dauert es offenbar länger, als viele, auch ich, gehofft haben, ehe die Sehnen und Nervenstränge des zerrissenen Organismus Deutschland wieder zusammenwachsen, ehe sich die verschiedenen Erfahrungen in Ost und West zur gemeinsamen deutschen Geschichte verdichtet haben. Das könnte Günter Grass mit seiner Biografie, seinen Erfahrungen und manchmal verspäteten Einsichten eigentlich wissen.

Im Februar 2009 schließe ich meine Recherche ab. Die Q-Cells-Aktie steht heute, am 16.2. um 14.00 Uhr bei siebzehn Euro einundsiebzig. Der Konzern rechnet mit einer, infolge der Krise zwar reduzierten, aber deutlichen Umsatzsteigerung für das Jahr 2009. Q-Cells hat im vergangenen Jahr mit der eigenen Wafer-Produktion begonnen, was den Preis der Zellen verringern wird. Im Sommer des vergangenen Jahres wurde das Forschungszentrum von Q-Cells nach Reiner Lemoine benannt.

Für den Umbau des Zentrums von Bitterfeld hat inzwischen ein Wettbewerb stattgefunden. Am Ufer der Goitzsche soll ein neues Wohnviertel, die Hafenstadt, gebaut werden. Und auf dem Chaos, das der Abriss der Altstadt in den sechziger Jahren hinterlassen hat, soll wieder eine Innenstadt entstehen, die ihren Bewohnern und Besuchern ein urbanes Vergnügen und Wohlbefinden ermöglicht.

Solarfeld. Thalheim

Das Büro von Andreas Hierholzer arbeitet derzeit an den Plänen für ein großes Valley-Center mit Geschäften, Restaurants, einem Hotel und Dienstleistern aller Art. Die norwegische Glasfabrik soll nun doch gebaut werden, vorerst nur halb so groß wie geplant, aber mit einer Option für den weiteren Ausbau.

Q-Cells ist nun ein Teil der globalen Wirtschaftswelt und deren Gesetzen unterworfen. Ich habe ein Jahr lang die Kommentare der Analysten und Anleger auf der Website von wallstreet.online verfolgt, diesen ewigen, undurchschaubaren Wechsel von buy, sell, hold und underperform, und habe, obwohl ich nicht eine Aktie von Q-Cells besitze, gelitten unter diesem einzig auf Gewinn oder Verlust gerichteten Interesse. Nichts von dem, was die Q-Cells-Gründer inspiriert und angetrieben hat, weder die Vision von einer unversiegbaren, für Mensch und Natur verträglichen Energiequelle noch der Traum von der gemeinsamen Arbeit am Richtigen spielt für die Käufer und Verkäufer von Q-Cells-Aktien eine Rolle, und vielleicht verschwindet auch für die Produzenten die Idee des Anfangs allmählich hinter den Bilanzen, Gewinnprognosen und dem Zwang zu fortwährendem Wachstum. Jedes Unternehmen, das an die Börse geht, verliert seine Seele, hat Dagmar Vogt gesagt.

Die Gründer Holger Feist und Paul Grunow sind eigene Wege gegangen, zurück in die Forschung, wo sie hergekommen sind. Reiner Lemoine ist im Dezember 2006 an einem Hirntumor gestorben. Als Q-Cells' Aufstieg zum Weltkonzern begann und mit dem Unternehmen auch die Hierarchien wuchsen und die Umgangsformen sich veränderten, war er schon todkrank. Aber er hat unter den Veränderungen nicht nur gelitten, sagt Anne Jatzkewitz, Reiner Lemoines Ehefrau, der Gedanke an ein riesiges, weltweit agierendes Solarunternehmen hat ihn auch begeistert. Schon das Konzept von Q-Cells war auf Wachstum ausgerichtet, auch wenn niemand geglaubt hat, dass es so schnell gehen würde. Gelitten hat er 1996, als sie Solon gegründet haben und Reiner sich von Wuseltronik verabschieden musste, vielleicht auch, weil es ein etwas verspäteter Abschied von der Jugend war. Aber er wollte raus aus der Bastlerecke, sagt Anne, und nicht immer nur der »nette Alternative« sein. Anne Jatzkewitz, eine zarte, leise, immer noch mädchenhafte Frau, ist Fachärztin für Radiologie, seit 1979 lebte sie mit Reiner Lemoine. Für sie endete die chaotisch-glückliche Wuseltronik-Zeit schon früher, als 1986 und 1988 die Töchter Anja und Lisa geboren wurden und außer ihrem Beruf auch der familiäre Alltag seine Ordnung forderte, zu dem der oft abwesende, von seiner Mission beseelte Mann nicht viel, nicht einmal genügend Geld beitrug. Der Entschluss, die Bastlerecke zu verlassen und die Idee von der Sonne als Energiequelle in der realen Wirtschaft zu etablieren, wurde von der familiären Notwendigkeit sicher befördert.

Im Herbst 2005 ging Q-Cells an die Börse. Solaraktien standen damals hoch im Kurs, ihr Wert hatte sich im Jahr davor sensationell erhöht, und so floss mehr Geld als erwartet in die Kassen von Q-Cells, seiner Gründer und aller, die Q-Cells mit aufgebaut hatten und auch in Aktienanteilen bezahlt worden waren. Uwe Schmorl habe ich gefragt, ob stimme, was man mir erzählt hat, nämlich dass er Millionär sei. Klar, hat Uwe gesagt. Und das gilt nicht nur für ihn, sondern für einige Bitterfelder, Wolfener und Thalheimer, sofern sie ihre Gewinne rechtzeitig gesichert und nicht in den Strudel der Krise haben ziehen lassen.

Reiner Lemoine gründete von seinen Millionen gemeinsam mit Anne Jatzkewitz im September 2006, drei Monate vor seinem Tod, die Reiner-Lemoine-Stiftung, die in ihrer Satzung als Zweck angibt: »... die Förderung der Wissenschaft und Forschung, der Bildung und Erziehung sowie der Entwicklungshilfe im Bereich der regenerativen Energien«.

Mit allerletzter Kraft, sagt Anne, hat Reiner das Konzept für die Stiftung entworfen. Zuerst hätten sie überlegt, ob sie das ganze Geld in die Entwicklungshilfe investieren sollten, hätten dann diesen Gedanken aber wieder verworfen. Reiner wollte angehenden Ingenieuren, denen die Industrie attraktive und gut bezahlte Stellen bot, ein ebenso verlockendes Angebot machen, mit dem er sie auf die Seite der Forschung in seiner Sache, für die regenerative Energie, ziehen konnte. Die Reiner-Lemoine-Stiftung vergibt in jedem Jahr acht Promotions-Stipendien, dotiert mit monatlich zweitausend Euro über drei Jahre. Sie fördert Projekte zur regenerativen Energie in Schulen, vor allem auch zur besseren Energieversorgung in den Entwicklungsländern. Mit sieben Solarmodulen kann in Indien ein Krankenhaus mit Licht versorgt werden, sagt Clemens Triebel, der, wie auch Paul Grunow, zum Kuratorium der Stiftung gehört. Wir sitzen am Frühstückstisch in Annes Küche. Clemens erzählt von dem kleinen Verein, der soziale Einrichtungen in Entwicklungsländern mit Solaranlagen ausstattet, darunter ein Krankenhaus, zu dem ein Waisenhaus gehört, in Bihar, Nordindien. Reiner wusste schon von dem Tumor in seinem Kopf, trotzdem reiste er für drei Wochen mit nach Indien, gemeinsam mit seiner Tochter Anja, die inzwischen an der Technischen Universität Berlin Energie- und Verfahrenstechnik studiert und zum Kuratorium der Reiner-Lemoine-Stiftung gehört. In Bihar haben sie zwei kleine Solaranlagen für die Beleuchtung aufgebaut, eine mit vier und eine mit drei Modulen, die kosteten zusammen drei- bis viertausend Euro, die Leistung lag bei insgesamt achthundert Watt. Bei Q-Cells wurden damals schon Zellen für hundert Millionen Watt im Jahr produziert und dreistellige Millionenbeträge durch die Gegend geschoben, sagt Clemens. Er wolle damit sagen, dass es ein größeres Erlebnis sein kann, so eine kleine Anlage zu errichten als eine ganze Solarfabrik, weil die Menschen, die bis dahin nur Kerzen hatten, sich so unglaublich über das Licht gefreut haben. Und dann, wie schon ein paar Monate vorher an der windigen Ecke in Schöneberg, entwirft er wieder Pläne für Windparks und Solarfelder in der Wüste und auf unbewohnten Inseln, wo es genügend Platz, Wind und Sonne gibt, um die ganze Welt mit Energie zu versorgen. Nur das Problem mit der Speicherung von Elektrizität müsse noch gelöst werden. Daran arbeite er jetzt in seiner Forschungswerkstatt bei Solon, mit Batterien, zweimal so groß wie die Küche. Und das wird auch eine Erfolgsgeschichte, sagt Triebel.

Paul Grunow hat von seinem Q-Cells-Gewinn der Reiner-Lemoine-Stiftung zugestiftet und forscht im Photovoltaik-Institut Berlin weiter an der Effektivität von Dünnschicht- und Dickschichtmodulen, Holger Feist unterstützt junge Photovoltaik-Unternehmen ebenso wie Anne Jatzkewitz, die von ihrem Privatvermögen hoffnungsvollen Forschungsvorhaben »auf die

Sprünge hilft«, wie sie es nennt, indem sie ihnen die Voraussetzungen für eine Bankförderung schafft.

Der Aufstieg von Q-Cells zum Weltkonzern gehörte in der Konsequenz zu Reiner Lemoines Vision von einer sauberen Energiequelle, die auch den entlegensten Ort mit Elektrizität versorgen kann. Aber, sagt Anne, er wäre sicher nicht mehr dabei. Er hätte etwas Neues angefangen.

Vielleicht muss das so sein; vielleicht ist der Geist, der Q-Cells hervorgebracht hat, der Gründergeist, das Glück der gemeinsamen Arbeit am Richtigen, das Uwe Schmorl verzweifelt gegen die Macht des Faktischen verteidigt, vielleicht ist dieser Geist nicht vereinbar mit der Welt der großen Konzerne, der Übernahmen und Fusionen, des Zwangs zum Wachstum und zu steigenden Gewinnen. Er ist die Vision, das Wagnis, die Inspiration, die Leidenschaft, und wenn die Vision zur Wirklichkeit geworden ist, zieht er sich zurück und fängt von vorn an.

Monika Maron

Flugasche
Roman
Band 2317

Das Mißverständnis
Vier Erzählungen
und ein Stück
Band 10826

Nach Maßgabe meiner Begreifungskraft
Artikel und Essays
123 Seiten. Broschur.
S. Fischer und Band 12728

Stille Zeile Sechs
Roman
219 Seiten. Leinen.
S. Fischer und Band 11804

Die Überläuferin
Roman
221 Seiten. Leinen.
S. Fischer und Band 9197

Animal triste
Roman
240 Seiten. Leinen.
S. Fischer und Band 13933

Pawels Briefe
Eine Familiengeschichte
208 Seiten. Leinen.
S. Fischer und Band 14940

quer über die Gleise
Essays, Artikel, Zwischenrufe
159 Seiten. Broschur.
S. Fischer 2000

Herr Aurich
Erzählung
64 Seiten. Pappband.
S. Fischer 2001

Endmoränen
Roman
256 Seiten. Geb.
S. Fischer und Band 15454

Wie ich ein Buch nicht schreiben kann und es trotzdem versuche
110 Seiten
S. Fischer und Band 16664

Ach Glück
Roman
224 Seiten. Geb.
S. Fischer und Band 17672

Fischer Taschenbuch Verlag

fi 555 014 / 4